당신의 인생에서
꼭 한 번은 맹자를 만나라

당신의 인생에서 꼭 한 번은 맹자를 만나라

펴낸날 2024년 5월 30일 1판 1쇄

지은이 판덩
옮긴이 김가경
펴낸이 김영선
편집주간 이교숙
책임교정 정아영
교정·교열 나지원, 이라야
경영지원 최은정
디자인 바이텍스트
마케팅 신용천

발행처 (주)다빈치하우스-미디어숲
출판브랜드 이든서재
주소 경기도 고양시 덕양구 청초로 66 덕은리버워크지산 B동 2007호~2009호
전화 (02) 323-7234
팩스 (02) 323-0253
홈페이지 www.mfbook.co.kr
출판등록번호 제 2-2767호

값 18,800원
ISBN 979-11-986326-2-3 (03100)

㈜다빈치하우스와 함께 새로운 문화를 선도할 참신한 원고를 기다립니다.
이메일 dhhard@naver.com (원고 및 기획서 투고)

판덩 지음 · 김가경 옮김

단 한 문장으로
전해지는
맹자의 위대한 처세술

당신의 인생에서
꼭 한 번은 맹자를 만나라

이든서재

내 안의 거대한
저력을 믿어라

맹자는 어떻게 자기 잠재력을 유감없이 발휘할 수 있었을까?

군웅이 할거하고 권모와 살육이 난무했던 춘추 전국 시대였지만, 춘추 시대의 사람들은 전국 시대에 비해 예의를 숭상했다.

전쟁을 하더라도 극단적으로 인명을 살상하려 들지 않았기 때문에 공자는 '온화·선량·공경·절검·겸양'이라는 이 다섯 가지 품격으로 사람이라면 마땅히 걸어야 할 길의 방향을 제시할 수 있었다.

춘추 시대 말기에 이르러 각 제후국 간의 전쟁이 끊이질 않는 시대가 도래하였고, 중원의 대국 진晉나라 조정의 실권은 왕이 아니라 세력 있는 여섯 가문 '한씨韓氏, 위씨魏氏, 조씨趙氏, 범씨范氏, 중행씨中行氏, 지씨智氏'가 장악했다. 한때 패주였던 진나라는 결국 2급 봉건

귀족 '한씨, 조씨, 위씨' 세 가문이 차지하게 되었는데, 이것이 바로 전국 시대로 가는 분수령으로 평가되는 삼가분진三家分晉이다.

위나라가 앞장서서 법가法家 사상의 인물을 등용하여 개혁을 단행하자, 사람들은 잔학해지고 살육을 일삼으며 인내심이 없어지기 시작했다. 유가儒家에서 말하는 '이약성개, 호접자래你若盛开，蝴蝶自来, 당신이 활짝 피어나면, 나비는 저절로 찾아온다 / 당신의 능력이 무르익으면 기회는 절로 찾아온다'라는 어진 사상은 너무 느리고, 너무 이상주의적이며, 너무 위험한 발상이었다.

위나라와 진나라의 전차는 이미 움직이기 시작했는데 이제야 정전제와 토지세를 논하는 것은 시대에 뒤떨어진다고 여겨졌다. 이는 인터넷 기반의 첨단 기술의 시대를 사는 사람들에게 천천히, 서두르지 말라고 권하는 것과 같았다. 그러니 맹자가 마주한 시대적 환경은 매우 열악할 수밖에 없었다. 하지만 맹자는 두려워하기는커녕 당당하고 자신만만했다.

맹자와 공자의 완벽한 조화,

덜한 것도, 더한 것도 없는 중용

'맹자'의 첫머리를 보면 전쟁광이었던 위혜왕魏惠王을 만난 일화가 있다. 위나라의 수도가 대량大梁에 위치했기 때문에 사람들은 그를 양혜왕梁惠王이라고도 불렀다.

양혜왕은 맹자와의 첫 만남에서 스스럼없이 "이봐 늙은이, 천 리 길도 마다치 않고 왔으니 분명 우리나라에 좋은 일을 가지고 왔겠지?"라고 말했다. 양혜왕은 법가와 종횡가纵横家[1]들이 말재주로 책략을 도모하는 수법을 익히 봐왔기 때문에 맹자 역시 다양한 전력과 전쟁에 대한 의견을 제시하러 왔다고 생각했다. 마치 오늘날 한 대기업이 컨설팅 회사를 만나서 어떻게 해야 회사의 이익을 극대화할 수 있을지, 또는 어떻게 해야 시장 점유율을 높일 수 있을지를 문의하는 것과 같았다.

이에 맹자는 양혜왕에게 "왕이란 사람이 어찌 이익을 논하려 하

---

1 종횡가(纵横家) : 전국 시대 때 연합론 등을 주장했던 협상가, 책략가를 일컫는다.

십니까? 눈 한 번 깜짝이지 않고 이윤을 운운하는 것은 너무 속물 같지 않습니까? 그렇다면 군왕과 기업의 가치관에 대해 논하는 것이 낫겠습니다."라며 정의롭고 늠름한 자세로 양혜왕, 제선왕, 등문공 등등 크고 작은 군주를 겁주었다. 물론 그렇다고 이들이 훗날 맹자의 방책대로 국가를 운영하지는 않았다. 하지만 이들 모두 적어도 맹자의 조언에 대해 대가는 지급했다.

식견이 좁아 사물에 대한 인식이나 분석이 짧고 얕은 근시안적인 사람들은 맹자가 비현실적이라고 말한다. 그는 살육을 싫어하는 왕에 의해 천하가 하나가 될 것이라고 했지만, 결국 가장 잔학한 진시황에 의해 제후국들은 통일되었다. 분명 낯 뜨거운 일이다. 하지만 맹자가 아직 살아있다면 잔혹하고 강했던 진나라는 역사의 작은 파동에 지나지 않는다고 말할 것이다. 법가의 통치 사상이야말로 이상주의이기 때문이다.

법가의 사상은 백성을 멍청하고 약한 존재로 여기지만, 유가는 사람을 우선으로 생각한다. 백성들은 묵자墨子의 말처럼 사사로운 욕심을 버리지는 못하지만, 양주가 말한 것처럼 이기적이지도 않으며, 법가가 생각하는 것처럼 나약하지도 않다. 그들은 땅, 식량, 명의의 치료, 스승의 보호, 군자와 어른의 가르침이 필요할 따름이다.

훗날 사람들은 맹자를 이해할 때 그의 변론이 공자보다 더 명확하고, 구체적이며, 확고한 체계를 가지고 있다고 말한다. 중국이 '유법국가'의 구조를 가질 수 있었던 것도 다 맹자나 공자의 존재로 인한 결과다. 유가의 이상과 법가의 수단이 결합한, 치우침 없이 알맞은 상태, 즉 어느 정도의 중용中庸을 이뤘다 볼 수 있다.

맹자의 저력은 먼저 자기 일관성self-consistency에서 비롯되었다고 볼 수 있다. 그는 공자의 이념을 계승하고 자신의 사명을 깨달으며 이렇게 말했다.

"어찌 변명이 있을 수 있겠나? 그저 부득이하게 따를 뿐이다."

그가 자신의 사명, 미래상, 가치관을 깨닫고 난 뒤 남은 것은 오로지 일에 전념하는 것뿐이었다. 그는 자신의 사업 계획서를 들고 이곳저곳을 떠돌아다니며 각종 학술과 상업 활동에 참여하고 묵가, 양주, 종횡가, 법가와 논쟁을 벌여 유가의 사회적 영향력을 확대했다. 그는 제자들을 양성하고 귀족, 왕후들과 친구가 되어 유교 사상을 정착시킬 기회를 찾았다. 우화, 스토리텔링, 사례와 결합하여 토론을 전개하며 그는 자신이 할 수 있는 모든 것을 동원해 유교 사상을 삶의 모든 면에 체계적으로 융합시켰다. 연공서열로 일관하는 중국 전통문화에서 맹자가 안회顏回, 증자曾子를 넘어 명실상부하게 공자 다음가는 성인이라는 뜻의 '아성亞聖'으로 불리는 것은 맹자의 대의명분과 중추적인 역할이 없었다면 유가가 제자백가諸子百家 중 하나의 사상으로 전락할 가능성이 컸기 때문이다.

본디 착한 심성을 더욱 위대하게

맹자의 또 다른 중요한 저력은 사람 본성에 대한 확고한 믿음이다. 이 세상에는 좋은 사람이 많을까, 나쁜 사람이 많을까? 사람의 본성은 원래 선량할까, 아니면 사악할까? 본디 이 질문들은 정확한 답을 얻기 어려울 수 있지만, 적어도 당신은 자신이 무엇을 믿을지 선택할 수 있다.

순자荀子는 인간의 본성은 악하다고 보았다.

> '인간의 본성은 악하다. 그 본성이 선해지는 것은 인위적으
> 로 노력한 결과일 뿐이다人性惡, 其善者僞也.'

순자가 선택한 이 믿음은 이성적이고 지혜롭긴 하지만 사람을 빛
나게 하지도, 힘 있는 사람으로 만들어 주지도 못한다.

반면 맹자는 '인성은 본래 선하다'라고 믿었다. 이 선택은 본인을
상처투성이로 만들지 모르지만, 사람을 크고 빛나는 사람으로 만든
다. 만약 당신이 순자처럼 냉담한 태도를 취한다면 타인에게 속거
나 배신감을 느끼는 일은 적겠지만, 당신 내면의 에너지도 계속 손
실될 것을 알아야 한다. 뼛속부터 망가지는 중생들을 위해 우리는
무슨 힘을 다해 싸워야 할까?

맹자처럼 바보같이 인간 본성에 기대를 걸기로 선택한다면 당신
의 모든 노력은 빛을 발하리라. 나쁜 짓을 한 사람도 당신의 눈에는
길을 잃은 어린 양으로 보이게 될 것이다. 이러한 전제만이 끊임없

는 사랑과 무한한 에너지를 가져다줄 수 있다. 그래서 맹자는 호연지기를 기른다는 것은 매일 기공 수련을 통해 숨을 쉬며 더러운 기를 토하고 코로 신선한 기를 마시는 게 아니라 '뜻을 모아 이루는 것'이라 말했다.

마지막으로 맹자의 저력은 '자기 자신에 대한 책임감'에서 나온다. 그는 세상을 바꾸기 위해 매일 바쁘게 뛰어다녔지만, 그가 의지하는 것은 오로지 자신뿐이었다.

> "예상하지 못했는데 칭찬받게 되는 경우가 있고, 온전하기를 추구했는데도 비난받게 되는 경우가 있다有不虞之譽, 有求全之毀."

맹자가 세상을 바라보는 평가는 오래전부터 명확했다. 다른 것은 생각하지 말고 끊임없이 반성하고, 스스로 변화하기만 하면 된다. 만약 당신 스스로 문제가 없다고 생각한다면, 여전히 당신을 향해 짖어대는 것들은 짐승들일 뿐인데 당신은 왜 그 짐승들을 상대하고 있는 것인가? 만약 당신이 한 일이 도의적으로 옳은 일이라면 앞을 향해 계속해서 나아가야 한다.

『맹자』를 읽는 것과 『논어』를 읽는 것은 전혀 다른 느낌이다. 공자는 한 사람이 말하고 일하는 것이 이렇게 이치에 맞고 적절할 수 있음에 당신을 감탄하게 만들 수 있다.

반면 **맹자는 당신에게 힘을 준다. 적, 권력, 실패, 심지어 실수도 두려워하지 않을 수 있게 된다.**

오늘날 직장에서의 화두에 오르는 뜨거운 이슈는 우리가 겪는 고충이 반영되어 있다. 예를 들어, '배 째라' 정신으로 버틸 것인지 아니면 '번아웃'이 올 때까지 하얗게 불태울지, 이상을 추구할지 아니면 현실과 타협할지, 창업을 할지 안정적인 직업을 지킬지에 대한 문제 등이 있다. 이렇듯 우리는 항상 득과 실 사이에 있기 때문에 맹자가 우리를 대신해서 결정을 내릴 수는 없지만, 『맹자』를 읽으면 우리의 호연지기를 기르고 자신의 인생을 한 단계 더 높은 경지로 끌어올릴 수 있다. 현재의 상태에서는 문제가 해결되지 않을지 몰라도, 당신의 삶이 변위를 갖게 되어 세상을 바라보는 시선이 더 높은 지향점을 향한다면, 이러한 문제는 더 이상 당신을 괴롭히지 못할 것이다. 예를 들어 많은 젊은이가 왜 열심히 공부했는데도 삶이 나아지지 않느냐고 묻곤 한다.

맹자는 이를 가리켜 '배수차신杯水車薪'이라 하였다. 이 말은 '한 잔의 물을 한 달구지의 장작불에 끼얹는다'라는 뜻으로, 쉽게 말해 '계란으로 바위 치기'이다. 말 그대로 한 잔의 물로는 불을 끌 수 없다. 우리의 노력과 정진은 때때로 임계점을 돌파하는 그 순간까지 기다려야 한다. 맹자의 이론과 그의 책이 고전 중에 명작으로 손꼽힐 수 있었던 것은 바로 많은 이들이 그의 가르침으로부터 깨달음을 얻고 성장했기 때문이다.

이 책은 '판덩의 맹자' 강의에서 온 것으로, 『맹자』의 한 글자 한 구절을 다 담기에는 너무 분량이 많았다. 전부 옮긴다면 여러분이 읽기에 시간이 부족할 것 같아 『맹자』 중에서도 우리의 일상과 가장 가까운 내용을 선택하여 현대 생활의 실제와 결합해 여러분에게 제시하였다. 독자 여러분도 맹자의 힘과 용기, 지혜를 얻길 바란다.

저자 판덩

차
례

5장 격발화석방타인적선의激发和释放他人的善意
인간의 선한 본성을 깨워 분출케 하라

6장 돌파자아 도출서괄권突破自我 跳出舒适圈
안전지대를 벗어나 한계를 극복하라

맹자는 당신에게 힘을 준다.
적, 권력, 실패, 심지어 실수도 두려워하지 않을 수 있게 된다.

孟子

인생유안 격국무애
人生有岸, 格局无涯

1장

인생의 시간은 끝이 있지만,

지혜의 시간은 끝이 없다

흐름을 읽는 '대국관'으로
기회를 장악하라

몸에는 귀천이 있고 대소가 있다.
体有贵贱, 有小大.

소로 대를 해쳐서는 안 되고, 천함으로 귀함을 해쳐서도 안 되느니.
无以小害大, 无以贱害贵.

작은 것을 기르는 자는 소인이 되고, 큰 것을 기르는 자는 대인이 되느라.
养其小者为小人, 养其大者为大人.

『맹자孟子 · 고자告子 · 상上편』

당신이 바둑에 대한 이해도가 얼마나 높은지는 모르겠지만 한국의 유명한 바둑 기사 중에 우직한 바둑의 기풍에 대한 찬사로 '돌부처', '석불'이라는 별명이 붙은 이창호라는 기사가 있다. 자신의 때를 기다릴 줄 안다고 해서 바둑계에서는 모두 그를 '소년 강태공'이라고 불렀다.

　이창호 기사가 두는 바둑의 가장 큰 특징은 대국 전체가 지극히 평범해 보인다는 것이다. 그의 대국에서는 생각하지도 못한 곳에 두어 국면을 바꾸고, 우위의 격차를 크게 만드는 '신의 한 수'를 점정點睛하는 장면을 찾아보기는 어렵다. 하지만 담담히 두는 그의 한 수 한 수에 응수하던 상대가 점점 혼란스러워하는 것은 흔히 볼 수 있다. 특별할 것 없는 그의 수를 무의식적으로 배제하다 결국 사면초가의 상황에 놓이게 되는 것이다. 그렇게 이창호 기사는 기존의 고정관념에서 탈피한 세상에 둘도 없는, 정확히 그 상황에 적합한 의미를 갖는 '끝내기의 묘수'로 승기를 잡는다.

　이창호의 바둑에서 가장 중요한 것은 대국 전체의 흐름을 장악하는 것이다. 유수의 훌륭한 바둑 기사들 모두가 그렇듯 그들은 매수 사소한 득실을 따지지 않는다. 그들은 항상 바둑판 전체를 보며 수를 두기 때문에, 심지어는 대국을 위해 자신의 바둑알을 스스로 희생시켜 전체 국면을 장악하기도 한다. 이렇게 진정한 전체 상황을 통제할 수 있는 능력이 바로 전체를 바라보는 힘, '대국관'이다.

인생은 바둑과 같고, 또 바둑은 인생과 같다. 우리가 평소에 하는 일도 마찬가지다. 인생을 바둑판에 비유하자면 우리는 모두 자신의 인생에 바둑돌을 놓는 것과 같다. 매번 내려놓는 바둑돌이 결국 이 판의 흐름을 결정한다. 만약 우리가 전체를 바라보지 못할 만큼 시야가 충분히 넓지 않아 모든 일을 시시콜콜 따지는 것을 좋아한다면 분명 바둑판의 한쪽 귀퉁이에 갇혀서 더 나은 출구를 찾지 못하게 될 것이다.

『맹자·고자·상편』에 이를 명시하는 부분이 있다.

> "하나의 신체에도 귀한 부분과 천한 부분이 있고, 큰 부분과 작은 부분이 있는데, 천한 부분 때문에 귀한 부분을 해치는 일은 없고, 작은 부분 때문에 큰 부분을 해치는 일도 없다. 작은 것을 기른 사람은 소인이 되고, 큰 것을 기른 사람은 대인이 된다."

이는 우리 몸의 사지육신을 살펴보면 중요한 것도 있고, 또 부차적으로 중요한 것도 있으며, 작은 것도 있고 큰 것도 있는데, 작은 것 때문에 큰 것을 잃어선 안 되고, 부차적인 것 때문에 중요한 것을 놓쳐선 안 된다는 뜻이다.

예를 들자면 발뒤꿈치의 피부를 보호하기 위해 심장병에 걸릴 수는 없는 노릇이다. 발뒤꿈치의 피부는 그렇게 중요하지 않지만, 심장은 생명을 좌우하는 중요한 장기다. 이는 장기판에서 졸^卒을 버려 장군^{楚, 漢}을 지키는 것과 같다. 그래서 맹자는 한 사람이 지엽적인 부분에만 신경을 쓰다 보면 작은 인물이 되고, 자기 내면의 심오하고 웅대한 부분에 관심을 기울여야 큰 인물이 된다고 이른 것이다.

이 말은 표면적으로는 건강을 관리하는 법을 일러주고, 조금 깊이 들여다보면 배운 사람은 군자가 되고 위대한 사람이 될 수 있다는 말처럼 들린다. 하지만 맹자가 정말 표현하고 싶은 의미는 결코 그렇게 단순하지 않다. 이 말의 진정한 의미는 **'사람이 큰 사람으로 성장하고 싶다면 전체를 바라보는 넓은 시야, '대국관^{大局觀}'이 있어야 한다'**는 것이다.

이는 예전에 내가 상당히 좋아했던 제품 브랜드 코닥^{Kodak}을 떠올리게 한다. 코닥에 대해 말하자면, 많은 사람이 익히 알고 있는 기업이며, 심지어 몇 년 전까지만 해도 사진을 찍으러 나가면 모두들 코닥 필름을 선택할 정도로 유명한 기업이었다.

1975년 코닥은 세계 최초의 디지털카메라를 만든 기업으로, 이 발명을 통해 영상 산업의 인식을 다시 바꿀 수 있는 엄청난 비즈니스 기회를 잡았다. 그러나 코닥의 고위 경영진은 이 기술이 단기간에 회사를 만족시킬 수 있는 이윤을 남길 수 없을 뿐만 아니라, 이미 전 세계에 퍼져 있는 필름 산업에 큰 타격을 줄 것이라고 믿었다. 수년 동안 시장을 장악해 오던 고수익의 필름 사업을 포기하고 싶지 않았던 코닥은 결국 디지털카메라의 연구·생산 계획을 포기하기로 했다.

코닥의 이러한 결정은 경쟁사들이 절호의 기회를 잡는 계기가 되었다. 소니Sony, 후지Fuji 등의 기업은 디지털 기술 개발에 투자하기 시작했고, 디지털카메라 사업으로 빠르게 시장을 장악해 나갔다. 코닥이 문제의 심각성을 깨닫고 추격하려 했으나 이미 상대의 기술력은 따라잡기 힘든 지경에 이르렀고, 결국 아쉽게 디지털카메라 시장에서 손을 뗄 수밖에 없었다.

영상 업계에서 주도권을 쥐고 있던 코닥은 결국 고위 경영진의 근시안적인 안목으로 인해 거대한 사업 기회를 경쟁자에게 넘겨주었고, 상황에 대한 통제력도 잃은 데다가 미래 시장에 대한 발언권조차 얻지 못해 몰락을 초래하게 되었다.

전체를 보고 그 흐름을 읽는 대국관을 기르는 데 있어 과거의 역사를 통해 그 관점을 읽고 배우는 것은 매우 효과적인 방법이다. 우리는 '역사는 진정한 미래학'이라는 것을 알아야 한다.

우리는 역사를 읽으면 현명해지고 고대를 알아야 현재를 알 수 있다고 말한다. 각 왕조의 역사를 읽고 그들의 번영과 쇠퇴를 통해 각 왕조가 다른 시기에 한 선택과 이러한 선택이 왕조의 발전에 어떤 영향을 미쳤는지를 알 수 있다. 이러한 지식은 우리의 시야를 넓힐 수 있고, 우리가 더 높은 위치에서 다양한 것을 이해하고 볼 수 있게 해준다.

옛 선인들의 행적을 역사로 배움으로써 우리는 각 개인에게 상황에 맞게 이를 통제하고 선택하는 능력을 갖출 수 있다.

역사에 기록된 모든 사람은 결코 평범한 사람들이 아니다. 운과 기회뿐만 아니라 이를 넘어선 더 많은 지혜와 전반적인 통제 능력이 있어야만 역사에 그 발자취를 남길 수 있다. 우리는 그들의 사적史跡을 읽으면서 자신의 상황을 적용해 보고, 왜 그들이 그 상황에서 그런 선택을 했는지, 나라면 어떻게 했을지 생각하면서 역사적 위인들이 우리에게 가르쳐주는 전략적 시야를 느끼고 배워야 한다. 이러한 역사서에 담긴 지식을 흡수하고, 이를 자신의 일과 삶에 적용할 수 있을 때 진정한 의미의 위대한 사람이 될 수 있다.

마음이 돈에 가까워질수록
손은 돈과 멀어진다

신하가 되는 자는 인과 의로써 그 군주를 섬기고,

为人臣者怀仁义以事其君,

자식 되는 자는 인과 의로써 아버지를 섬기고,

为人子者怀仁义以事其父,

아우가 되는 자는 인과 의로써 형을 섬긴다면,

为人弟者怀仁义以事其兄,

군신·부자·형제는 이익을 버리고 인과 의를 품고 서로 마주하게 되나라.

是君臣, 父子, 兄弟去利, 怀仁义以相接也.

『맹자孟子 **· 고자**告子 **· 하**下**편』**

"만약 당신이 창업을 하거나, 기업을 경영하거나 혹은 회사에서 고용되어 일을 한다면 일의 가장 근본적인 목적은 무엇인가?"

이 질문에 아마도 대부분의 사람은 이렇게 대답할 것이다.

"당연히 이익을 위해서, 즉 돈을 벌기 위해서죠."

창업을 하든, 기업을 경영하든, 혹은 회사에 고용되어 일을 하든 간에 돈을 벌기 위해 일을 한다는 데에는 이견이 없다. 하지만 만약 당신이 이윤을 좇고 돈을 버는 것을 일의 가장 근본적인 목적으로 삼아, 더 중요하고 가치 있는 부분을 보지 못한다면 당신이 하는 그 일은 오래가지 못할 것이다.

중국민생은행中国民生银行의 창업자 펑룬冯仑[2]은 이런 말을 한 적이 있다.

"사람이 사업을 함에 있어 마음이 돈과 가까워질수록 손은 돈과 멀어진다."

만약 어떤 사업가가 단시간 내에 빨리 돈을 벌어, 수익을 빠르게 현금화해 더 많은 이익을 얻으려고 한다면 오히려 돈을 벌기 어려

---

2 펑룬(冯仑) : 1959년 산시성 시안시에서 출생하였으며, 완통그룹(万通集团)의 창업자 중 한 명으로 이후 중국민생은행 설립에 참여해 은행의 창업 이사, 미래포럼 창립 이사를 역임했다.

울 것이다. 반대로 어떤 사회적 문제를 해결하려는 목적으로 누군
가 장사를 시작하거나 창업한다면, 그는 자신의 이상을 실현하는
가운데 그 안에서 재미를 얻고, 가치를 창출해 가는 과정에서 자신
도 모르는 사이에 이익을 얻을 수도 있다.

나는 많은 사람과 교류하며 협력에 관한 이야기를 한다. 어떤 사
람들은 대화를 시작하자마자 오로지 '이익'만을 이야기한다.

"우리의 협업은 아주 단순해요. 우리가 당신에게 플랫폼을 제공
하면 당신은 많은 혜택을 누릴 수 있고, 대신 당신은 우리를 위해
어떤 가치를 창출해야 하겠죠."

이런 말을 들을 때마다 나는 마음이 편치 않다.

맹자는 사람이 지녀야 할 마음이자 사랑의 근본인 '인仁'과 절제
와 적절성을 강조하는 사람이 가야 할 길인 '의義'를 항상 중시했기
때문에 어떤 일을 도모하는 데 이익을 최우선의 기준으로 삼는 것
을 경계警戒했다.

『맹자·고자·하편』에는 맹자가 송경宋牼3을 만나 담론談論을 벌이
는 일화가 수록되어 있다.

---

3 송경(宋牼) : 기원전 370년~기원전 291년경 전국 시대 유명한 철학자이자 송윤학파의 창시
자다.

송경이 말한다.

"진나라와 초나라가 전쟁을 일으키려고 하니 초나라 왕을 알현하고 설득하여 군대를 철수시킬 계획입니다. 만일 초나라 왕이 이를 달가워하지 않아 설득하지 못한다면 진나라 왕을 만나 전쟁을 그만두게 할 것입니다. 결국 두 나라 왕 중에는 장차 제 뜻과 함께할 사람이 있을 것입니다."

맹자는 어떻게 두 나라의 왕을 설득하려고 하는지 재차 물었다.

"저는 서로 싸우지 않는 것이 이득임을 이야기할 것입니다. 예를 들면 그 전쟁의 폐해만 언급해서 막대한 비용만 지불하고 얻게 될 이익은 적을 것이라고 말입니다."

"선생의 큰 뜻은 알겠으나 그 논리는 적절치 않습니다."

이는 송경의 지향하는 바는 큰 뜻을 담고 있으나 설득하고자 하는 이념의 근본이 적절하지 않다는 뜻이다. 물론 '이익'을 가지고 초나라 왕과 진나라 왕을 설득한 뒤 두 나라 모두 계산을 해보고 수지가 맞는다고 생각하면 전쟁을 그만둘 수도 있다. 병사들 또한 '이익' 때문에 전쟁을 원하지는 않을 것이다. 전쟁을 멈춰야 목숨도 보전하고 노동을 통해 돈도 벌 수 있고, 또 국가의 보조금도 받을 수 있으니 이보다 좋을 순 없다. 그러나 이렇게 되면 오히려 더 위험한 결과가 초래될 수도 있다. 왕이건 병사건 전쟁을 그만두려는 이유가 모두 '이익'을 탐하기 때문이다.

신하 된 자가 이익을 계산하여 그 군주를 섬기고, 자식 된 자가 이익을 따져 그 부모를 섬기며, 동생 된 자가 이익을 탐하여 그 형을 섬긴다면 이는 군신과 부자, 형제가 마침내 인과 의를 버리고 오로지 자신의 이익만을 취하기 위하여 서로 마주하는 형국이니, 자고이래 이렇게 하고서도 망하지 않은 나라는 없었기 때문이다.

현대를 사는 우리는 고대 사회에서 이익을 좇는 행위를 왜 그렇게 위험한 일로 치부하는지 이해하지 못할 수 있다. 여러 이유 중 가장 중요한 것은 고대 사회는 농업 기반의 '농경사회'라는 데 있다. 당시 모든 이익은 토지로부터 창출되었으나, 토지를 소유하는 건 매우 제한적이었다. 만약 사람들이 '이익'만을 최우선으로 고려해 너나 할 것 없이 토지를 소유하려 든다면 나라는 곧 쇠락의 길을 걷게 될 것이다.

이러한 상황은 산업혁명이 도래하여 인류가 증기기관을 발명하고 난 후 토지가 더 이상 가장 중요한 자원이 되지 않은 후에야 나아졌다. 기계를 사용하여 다양한 제품을 생산하기 시작한 다음, '교환'이라는 개념이 생기고, 시장의 '케이크'를 모두 함께 크게 만들고 난 뒤 '이득'에 대한 이야기를 할 수 있게 되었다. 더 이상 제로섬 게임을 하지 않게 된 것이다.

맹자의 관점으로 초나라 왕과 진나라 왕을 설득하여 전쟁을 멈추게 하려면 사람의 마음가짐(인, 仁)과 사람이 걸어야 할 길(의, 義)의 이치를 들어 설득해야 의미가 있다. 만약 진나라와 초나라의 왕이 '인과 의'로써 군대를 철수하면 인의仁義의 관념이 병사들에게 전해지고, 병사들도 기꺼이 물러서게 되는 것이다.

『맹자·고자·하편』에는 이렇게 이른다.

> "신하 된 자는 인과 의를 생각하여 그 군주를 섬기고, 자식 된 자는 인과 의를 가슴에 품고 그 부모를 섬기며, 동생 된 자는 인과 의로써 그 형을 섬기게 된다면 이는 군신과 부자, 형제가 모두 더 이상 이익을 위해서가 아니라 인의를 위해 서로 아껴주고 마주하게 되니, 그 나라는 영구히 발전할 수 있다."

만약 우리가 맹자의 '인의'에 대한 주장을 현재와 우리의 일, 삶에 적용한다면 마찬가지로 살아가는 데 있어 참고할 수 있는 좋은 삶의 기준이 될 것이다. 물론 누군가는 열심히 일하는 것은 결국 이익을 취하기 위한 것이 아니냐고 말할 수 있다. 얻는 게 없다면 매일 무엇을 위해 고생한다는 것인지 의아할 수도 있다.

하지만 당신이 그렇게 생각한다면 시야가 편협하여 눈앞의 일에만 사로잡혀 앞을 내다보는 지혜가 부족한 것일지도 모른다. 만약 당신이 매사에 '이익'을 전제하고 마음에 인의가 없다면, 오로지 다른 사람을 어떻게 제치고 승리할 것인지만을 골몰할 것이다. 시간이 지남에 따라 이는 관성적인 사고를 형성하게 되어 당신은 매사에 자기중심적이고, 일단 기회를 얻으면 필사적으로 최대의 이익을 얻으려 하고, 다른 사람에게는 어떠한 기회도 허용치 않으려 할 것이다. 다른 사람에게 관대하지 않은 이런 방법은 오히려 당신 자신을 초조하게 만들 수 있다. 설령 당신이 이기고 상대방이 패배하여 물러난다고 해도, 어떻게 상대에게 다음 기회가 없다고 보장할 수 있겠는가? 상대가 '와신상담'하는 자세로 더 열심히 실력을 키운다면 훗날 당신에게 복수하고, 심지어 당신을 송두리째 뒤흔들어 살아갈 공간마저 잃게 할 수도 있다. 이런 '치킨 게임chicken game'은 결국 둘 다 손해를 보는 경우가 많으며, 그 누구도 이득을 볼 수 없다.

나는 이전에 『비판적 사고』라는 책을 강의하고 회사로 돌아가 직원들과 회의를 한 적이 있다. 나는 직원들에게 앞으로 다른 기업과 협력할 때 항상 우리 회사의 이익만을 위해 다투지 말라고 말했다. 이 말을 듣자마자 모두들 그것이 뭐가 잘못된 일이냐고 의아해했다. 직원들은 당연히 우리 회사의 이익을 위해서라면 발 벗고 나서야 하지 않느냐고 했는데, 나는 자기 회사의 이익을 시시콜콜 따지며 지키기 위해 발버둥 치면 비판적 사고를 잃고 경쟁의 공정성을 잃게 된다고 덧붙였다.

당신은 항상 회사를 위해 더 많은 이익을 얻는 것이 좋은 일이라고 생각하겠지만, 오로지 이익만을 좇으면 다른 플랫폼과의 관계는 당연히 영향을 받을 것이다. 자신의 이익을 위해 경쟁자들의 앞길을 막는다면 앞으로 누가 당신과 손잡으려 하겠는가?

실제로 직장에서든 일상생활에서든 우리는 사람들과 교제하고 교류할 때 어느 정도 베풀 수 있는 너그럽고 자애로운 마음을 가져야 한다. 또한 **자신이 다른 사람들과 함께 의미 있는 일을 하고 있다는 것을 생각해야 한다. 이러한 일들은 모두에게 유리한 윈윈**win-win**을 위한 것이지, 이익을 독점하기 위한 것이 아니다. 그것이 우리의 일과 삶의 의미이자 가치다.**

우리는 끊임없이 다른 사람과 다투고 계산해서는 안 된다. 이 세상에는 당신이 치열하게 경쟁한다고 해서 얻는 것도 없고, 또 완벽하게 공평한 계산도 있을 수 없다. 세상일은 언제나 당신 혼자 해결할 수 있는 것도 아니다. 진정으로 사람을 끊임없이 성장시키는 무한한 원동력은 언제나 '인과 의'의 힘뿐이라는 것을 잊지 말아야 한다.

소통을 불통으로 만드는
'지식의 저주'

예부터 현명한 군주라면 반드시 공손하고 검소해야 하며
아랫사람을 예로 대하고,
是故贤君必恭俭礼下,

백성들의 제물을 취함에 있어서도 정도가 있어야 하느니라.
取于民有制.

『맹자孟子 · 등문공滕文公 · 상上편』

심리학에서 사용되는 '인지 편향'을 설명하는 용어 중 우리가 정보를 인지하고 판단할 때 일어나는 주관적인 왜곡 현상을 뜻하는 '지식의 저주The curse of knowledge'라는 말이 있다. 이 말은 1989년 콜

린 캐머러Colin Camerer, 조지 로웬스타인George Loewenstein, 마틴 웨버 Martin Weber 등 3인의 경제학자들이 발표한 유명한 논문 '지식의 저주; 실험적 분석The Curse of Knowledge in Economic Settings : An Experimental Analysis'에서 유래하였다.

최근 미국 스탠퍼드 경영전문대학원 교수인 칩 히스Chip Heath와 듀크 경영대학원 선임 연구원 댄 히스Dan Heath 형제가 발표한 『스틱 Made to Stick』이라는 책에서는 '의미 전달에 실패하는 문장을 만드는 원인은 바로 지식의 저주에 있다'고 하였다.

'지식의 저주'란 바로 의사소통 문제를 설명하는 개념으로, 한 사람이 무엇을 잘 알게 되면 그것을 모르는 상태가 어떤 것인지 상상하기 어려워 자기가 알고 있는 지식을 다른 사람도 알 것이라는 고정관념에 매몰되는 현상을 말한다.

예를 들어 현재 많은 고령자가 스마트폰의 기능을 충분히 사용하지 못하고 있다. 그런데 만약 당신이 그들에게 스마트폰을 제대로 사용할 수 있도록 가르치려고 한다면 서로 가지고 있는 정보와 지식기반이 비대칭적이므로 자신의 정보를 상대방에게 완벽하게 이해시키기는 어려울 것이다.

또 다른 예로 충칭重庆, Chongqing에 있는 한 대학교수의 일화가 있다. 그는 교육부에서 인정한 손꼽히는 우수한 재원이지만, 중학교 2학년인 딸의 수학 문제를 가르칠 때는 쩔쩔매야 했다. 그에게는 너무나 쉽고 간단한 문제였는데 딸은 그의 설명을 전혀 알아들을 수 없었기 때문이었다. 이런 경우 우리는 지식으로부터 '저주'를 받고 있다고 느낀다. 자신이 알고 있는 지식을 다른 사람에게 원활하게 전달할 방법이 전혀 없기 때문이다.

생활 속에서 '지식의 저주' 현상을 맞닥뜨릴 때, 대부분 사람은 이것을 타인의 문제, 이해력 부족, 능력 부족이라고 생각하며 책임을 전가한다. 하지만 정말 많은 경우에 이건 다른 사람의 문제가 아니라 당신의 문제다. 당신의 인지 수준이 높지 않고, 자기 능력에 대해 맹목적인 자신감을 갖고 있거나, 아니면 처지를 바꾸어 생각하는 법을 배우지 못했기 때문에 항상 자신의 관점에서만 문제를 생각하기 때문이다.

내가 십여 년의 시간 동안 강의를 하면서 깨달은 점은 사람이 얼마나 멀리 갈 수 있는지는 그 사람이 쌓아온 경험치에 기반한, 보고 듣고 느낄 수 있는 '인지認知 능력'에 달려 있다는 것이다. 다시 말해 **아는 만큼 보이고, 아는 만큼 들리고, 또 자신이 보고 들은 만큼만 느끼는 '일련의 인지 과정'이 얼마나 더 멀리 나아갈 수 있는지를 결정한다.**

이러한 관점은 맹자의 책에서도 많이 나타난다. 특히 맹자는 한 나라 지도자의 인지 능력과 학식, 견문, 덕행 등을 매우 중시했다.

맹자는 등문공滕文公⁴과의 대화에서 군주는 백성의 일을 가장 중요하게 생각해야 한다고 여러 차례 강조했다. 백성의 일은 농사를 의미하는데, 농사를 잘 지어 농업 생산량이 늘어나 백성들이 옷을 입을 수 있고, 밥을 먹을 수 있는, 한마디로 민생이 편안한 상태가 되면 백성들은 자연스럽게 등문공의 말에 귀 기울이고 통치에 복종할 것이라 일러주었다.

그러나 반대로, 만약 군주가 백성의 일을 제대로 관리하지 않아 백성들의 안위가 보장되지 않으면, 그들은 법을 어기고, 잘못을 저지르는 등 옳지 않은 일을 하게 될 것인데 잘못을 저지른 백성에 대해 형벌로 처벌하는 것은 정말 그릇된 것이라 하였다.

그래서 『맹자·등문공·상편』에서 이렇게 이른 것이다.

"예부터 현명한 군주는 공손한 마음으로 검소한 삶을 살며 아랫사람을 예의로 대하고, 백성들의 제물을 취함에 있어서도 정도가 있어야 한다."

---

4 **등문공** : 전국 시대 등나라의 임금으로 등정공(滕定公)의 아들이다. 태자 시절 일찍이 송나라에서 맹자를 만나 가르침을 사사했다. 정공이 죽자, 맹자에게 상례(喪禮)에 관해 물었고 또 소국(小國)으로서 대국인 제(齊)나라와 초(楚)나라 사이에서 대처하는 방법과 정전제(井田制) 등을 문의했다.

이를 보다 자세히 해석하자면 현명하고 인자한 군주는 반드시 겸손한 마음가짐으로 검소하고 자제하는 삶을 추구하고, 신하와 백성들을 예우하며, 백성들에게 세금을 징수할 때도 일정한 제도적 제약 안에서 행해야 한다는 뜻이다. 제아무리 일국의 군주라 하더라도 마음대로 하면 안 되고, 세금을 거두어들이고 싶은 만큼 부과해서도 안 된다. 만약 군주가 이런 식으로 나라를 다스린다면, 그것은 결코 올바른 정치라 할 수 없다.

이는 맹자가 전국 시기에 나라를 다스리는 위정책爲政策으로 줄곧 주장해 온 책략 중 하나이다. 하지만, 나는 그것이 오늘날의 자기관리에 더 적합한 가르침이라 생각한다.

우리 주위를 보면 자신의 일을 도와주려고 하는 사람에게 항상 관료적이고 고압적인 태도로 대하거나, 헐뜯는 사람들을 많이 볼 수 있다. 다른 사람이 일을 하다가 문제가 생기면, 해결하기 위해 협조하지 않을 뿐만 아니라, 상대방에게 책임을 전가하기 일쑤고, 심지어 상대방이 일을 잘하지 못하고 능력이 너무 떨어진다고 평가하기도 한다. 바로 이때 '지식의 저주' 현상이 일어나기 쉬운 조건이 형성되며, 소통은 막다른 길에 부딪힌 듯 막혀버리고, 누구도 만족하지 못한 상태가 된다.

한 나라의 군주로서 백성이 잘 따르게 하려면 당연히 백성의 생활에 필요한 것을 충족시켜야 한다. 입을 옷과 먹을 식량이 있어야 하고, 살 집이 있어야 하며, 안정된 생활도 영위할 수 있도록 해주어야 한다. 마찬가지로 보통 사람으로서 다른 사람이 우리를 돕고, 우리를 위해 봉사하거나, 우리의 의견과 방법을 받아들이기를 원한다면 다른 사람의 요구를 적절하게 충족시켜 주어야 한다.

그렇다면 여기서 다른 사람의 요구는 무엇일까? 타인에게 존중받고, 자신의 목표를 성취하며, 자신이 소중하게 생각하는 가치를 추구하고, 자기 계발을 통해 자아실현을 이루는 것 등일 것이다. 만약 당신이 이것을 이해하지 못한다면, 다른 사람이 나를 위해 일하는 수고로움을 당연하다고 여기는 사람일 것이다. 또한 당신이 상대방에게 약간이라도 이익을 보상해 주는 경우라면 상대방이 어떤 난관에 부딪히더라도 반드시 일을 잘 처리해야만 한다고 기대하여, 만약 일이 해결되지 않는다면 이를 상대방의 능력이 부족한 것으로 치부할 것이다. 이런 식으로 사람을 대하다 보면 당신을 받아들일 수 있는 사람은 몇 명 남지 않게 된다. 사실, 문제는 바로 당신 자신에게 있다. 단지 당신 자신만이 인지하지 못할 뿐이다.

기업의 발전을 위해 편성한 양성 교육 과정에 참여해 본 경험이 있다면 무엇이 문제인지를 쉽게 발견할 수 있을 것이다. 교육을 마친 직후에는 직원들이 모두 의욕이 고취되어 적극적이고 진지한 태도로 업무에 매진한다. 기업 대표들은 눈에 띄는 조직의 변화에 흡족해하지만, 채 한 달도 되지 않아 끓어오르던 열정은 사그라지고 대부분의 사람이 다시 원래의 상태로 돌아간다.

시작과 끝이 왜 이렇게 많은 차이를 보이는 것일까? 가장 치명적인 원인은 바로 이것이다. '회사의 일은 결코 개인의 일이 아니라는 점'이다. 또 기업의 문화는 회사의 시스템(체계)과 리더의 능력에 가장 밀접하게 연결되어 있기 때문이다. 비효율적인 업무관리 시스템, 리더의 낮은 인지 능력, 적시성이 빠진 부정확한 업무 분담은 구성원의 일에 대한 열정과 의욕에 영향을 미치게 마련이다. 어떤 의미에서 보면 회사의 직원이 적극적인 자세로 업무에 임하지 않는다거나 일을 추진하는 데에 실행력이 떨어지는 것은 그 조직 리더의 능력 부족이라고도 볼 수 있다.

그래서 나는 강의할 때 발 벗고 나서서 다른 사람을 도와주려 한다거나 일에 대한 회사 직원들의 열정을 높이려 한다면 먼저 그들 자신의 인지 능력부터 향상시켜야 한다고 자주 언급한다.

먼저 직원의 능력, 특성, 요구 등을 모두 고려하여 모든 사람이 자신의 장점을 충분히 발휘할 수 있는 '여건'을 만들어 주어야 한다. 직원이 문제에 직면했다면 그 원인을 먼저 찾은 다음, 해당 직원과 함께 문제를 검토하고 단점을 찾아야 그 직원의 능력을 지속해서 향상시킬 수 있을 뿐만 아니라 그 과정에서 그가 자신의 부족한 부분이 무엇인지를 발견할 수 있다.

나는 인지 능력이 뛰어난 사람들을 많이 만나 보았다. 그들과 함께 보내는 시간은 나에게 편안함을 선사해 준다. 그들은 깨어 있는 생각과 열린 마음으로 다른 사람의 비판을 겸허하게 받아들인다. 스스로의 한계와 자신이 가진 지식이 단지 창해일속滄海一粟에 불과함을 잘 알기에, 그들은 외부 세계와 새로운 것을 항상 배우고자 하는 강한 의지를 품고 있다. 또한 자신의 결점을 발견하면 언제든 끊임없이 개선해 나가려 한다. 이런 사람은 타인으로 하여금 저도 모르게 가까이 다가가고 싶게 만들고, 함께 일을 도모하고 싶게 한다. 이렇게 뛰어난 인지 능력과 안목을 가진 사람은 실패하는 것이 더 어려운 일일 것이다.

편안한 처지에 있을 때
위험을 경계하라

안으로는 군주를 일깨울 법도를 지키는 신하가 없고,

入则无法家拂士,

밖으로는 적국과 외세의 위협이 없는 나라는 항상 멸망하느니,

出则无敌国外患者, 国恒亡,

이로써 근심과 걱정은 사람을 살게 하고,

안일한 쾌락은 사람을 죽게 한다는 것을 알 수 있느니라.

然后知生于忧患而死于安乐也.

『맹자孟子 **· 고자**告子 **· 하**下**편』**

오늘날 우리가 자주 인용하는 명언 '거안사위居安思危'는 '지속해서 성장하고 발전하려면 주변을 항상 경계하고, 안정된 상황에서도 위기를 대비해야 한다'는 뜻의 사자성어다. 만약 우리가 한 번의 성공에 도취해 그 안정감 위에서 편안히 잠을 자게 된다면, 깨어났을 때는 자신이 이미 나락으로 떨어졌다는 것을 바로 알게 될 것이다. 성공과 안정은 때로 현재 상황에 만족하여 안주安住하게 만들고, 안주는 위기로 이어질 수 있기 때문이다.

공무원이나 공기업, 대기업 등 탄탄한 직장에서 오랜 시간 근무하다 보면 안정감을 얻게 되어 더 이상의 어떤 변화나 도전의 필요성을 느끼지 못한다. 하지만 이 '안정감'은 결국 사람을 위태롭게 한다. 안정감을 평생 갈망하여 앞으로 나아가지 않는다면 그 자리에 머무는 것이 아니라 뒤로 밀려나기 때문이다. 다만 대다수 사람은 제자리걸음에 민감하지 않아 자신이 항상 그 자리에 머문다고 해도 이를 자각하지 못하기 때문에 현재의 삶에 만족할 뿐이다. 해고당할 일도 없고, 경기 불황에도 아무런 영향 없이 월급은 여전히 그대로 지급되니 너무도 순탄한 인생인 것이다! 하지만, 앞으로 나아갈 필요가 없는, 발전 가능성을 요하지 않는 직업 같은 것은 이 세상에 존재하지 않는다. **당신이 더 이상 앞으로 나아가지 않으면 분명 뒤에 있는 누군가가 추월하여 당신의 자리를 대신 꿰찰 것이다.**

『맹자·고자·하편』에서는 이렇게 일렀다.

> "안으로는 군주를 일깨울 수 있는 법도를 지키는 신하가 부
> 재하고, 밖으로는 적국과 외세의 위협이 없는 나라는 항상
> 멸망하느니, 이로써 근심과 걱정은 사람을 살게 하고, 안일
> 한 쾌락은 사람을 죽게 한다는 것을 알 수 있다."

하나의 나라에 내부적으로는 법도를 지키며 군주에게 바른 소리
를 하며 보좌할 수 있는 신하가 없고, 밖으로는 필적할 만한 실력
있는 대등한 경쟁국이 없어 외부로부터 어떤 위협도 받지 않는다면
이 나라는 결국 파멸일로破滅一路를 걷게 된다는 뜻이다. 그래서 맹
자는 "걱정과 재난은 사람을 살아남기 위해 발전하게 만들고, 도리
어 안일과 향락은 멸망의 길로 들어서게 한다."라고 하였다.

위태로움을 인지하고 이를 사전에 대비할 수 있어야만 생존할 수
있으며, 향락을 탐하고 발전을 멈추면 죽음을 맞이할 수밖에 없음
을 가리킨 것이다.

---

5 『좌전(左傳)』 : 노나라의 좌구명(左丘明)이 지은 것으로 알려진 『춘추(春秋)』를 해석하여 지은
노나라 역사서. 총 30권으로 구성되어 있으며, 기원전 722년부터 기원전 468년에 이르는
254년 동안의 춘추열국(春秋列國)의 역사를 담고 있다.

이 구절은 『좌전左傳』[5]의 한 대목을 떠올리게 한다.

춘추 시대에 진晉나라는 도공悼公의 다스림 아래 강국으로 거듭났다. 그는 훌륭한 신하들을 많이 거느리고 있었는데, 그 무수한 인재 가운데서도 한 치의 어긋남도 없이 법을 집행해 나라의 기강을 다 잡아 단연 빛이 나는 사마위강司馬魏絳이라는 신하가 있었다.

진나라의 동맹국인 송宋나라가 정鄭나라에게 침략당하자, 진나라에 도움을 요청했다. 진나라 도공은 노魯나라, 제齊나라, 조趙나라 등 12개국에 사신을 보내 연합군을 편성하였다. 여러 제후국이 연합하여 정나라를 공격할 위기에 당면하자, 정나라는 급히 진나라에 구원을 청했다. 이에 진나라의 사마위강이 나서서 정나라와 연합국과의 상호 불가침조약을 맺게 하여 위기를 해결해 주었다. 위기에서 벗어난 정나라는 진나라 도공에게 감사의 뜻으로 귀한 보물과 궁녀를 선물로 보냈다. 진나라 도공은 이 선물을 보고 매우 기뻐하여 연합국 지휘관으로서 공이 많았던 사마위강에게 하사하려 했다.

"지난 몇 년 동안 자네가 우리 진나라를 위해 많은 힘을 써 주었네. 이를 치하하고자 하니 이제 함께 즐기도록 하세!"

그러나 사마위강은 이를 단칼에 거절하며 명언을 남겼다.

"우리나라가 항상 강할 수 있었던 것은 첫째, 폐하의 지도력 덕분이고, 둘째는 다른 신하들이 모두 힘을 합칠 수 있었기 때문입니다. 제 개인적인 공헌은 말할 가치도 없기에 저 혼자 이 상을 받을 수는 없습니다. 더구나 지금은 상을 나눌 때도 아닙니다. 이리 안락함을 누릴 때, 나라에 아직 해야 할 일이 많다는 것을 생각해야 합니다. 어떤 걸림돌도 없다고 여겨질 때일수록 뒷날을 생각하고 대비居安思危(거안사위)해야 합니다. 그래야 앞으로도 걱정거리가 없을 것입니다. 편안할 때 위기를 생각思則有備(사즉유비)하면, 그에 맞춰 대비하게 되고有備(유비), 그런 대비가 되어 있으면 근심·걱정이 사라지게 될 것則無患(즉무환)입니다."

진도공은 이 말에 큰 깨달음을 얻고 제 뜻을 거뒀으며 사마위강을 더욱 신임하게 되었다.

이 일화가 담고 있는 것은 지도자로서 가져야 할 모습이다. 사실 지도자뿐만 아니라 **일반인들도 위기의식과 유비무환의 정신을 가슴에 새겨 현실에 안주하는 것을 언제나 경계해야 한다.**

중국 속담 중에 "사람이 앞날을 대비하지 않으면 반드시 가까운 시일 내에 어려움이 생긴다人无远虑, 必有近忧(인무원려, 필유근우)."라는 말이 있다. 외부로부터 오는 위기의식과 중압감을 전혀 느끼지 못하면 스스로 전진할 수 있는 동력을 부여하기 어렵기 때문이다.

『사기史記』에도 이와 비슷한 일화가 있다.

손숙오^{孫叔敖}가 초^楚나라의 영윤^{令尹}6이 되자, 온 나라 관리와 백성들이 모두 축하하러 왔다. 이들 가운데 조문객처럼 삼베로 만든 옷을 입고 흰색 상모를 쓴 노인이 있었다. 손숙오는 의관을 정돈하고 나가서 접견하며 노인에게 말했다.

"초왕께서는 제가 어진 덕행이 없는 것을 모르셔서 영윤과 같은 높은 벼슬을 맡기셨습니다. 다른 사람들은 모두 축하해 주러 왔는데, 당신만 혼자 조문하러 오신 것 같습니다. 이는 혹시 무슨 가르침을 말씀해 주시려는 것인지요?"

그러자 노인은 고개를 끄덕이며 말했다.

"할 말이 있는 것은 맞습니다. 높은 벼슬에 올랐으니 신분 또한 고귀해졌으나 사람을 교만하게 대하는 자는 백성들이 그를 떠나가게 되고, 지위가 높다고 해서 권력을 함부로 휘두르는 자는 군주가 그를 혐오하게 됩니다. 녹봉이 이미 매우 많은데도 충족함을 모르는 자는 재앙이 함께하게 될 것입니다."

손숙오는 노인의 말을 듣고 급히 두 번 더 절을 하고 공손히 말했다.

"어르신의 가르침, 고견으로 받아들이겠습니다. 당신의 남은 가르침도 기꺼이 듣고 싶습니다."

---

6 **영윤(令尹)** : 초나라의 관직 이름, 정치를 하는 최고의 직위로 재상에 해당한다.

이어 노인이 말했다.

"지위가 높을수록 사람의 됨됨이가 더 겸손해야 하고, 관직이 높을수록 처신에 신중해야 합니다. 녹봉이 두둑해졌다면 주어진 몫 이외의 재물을 바라서는 안 됩니다. 당신이 이상 세 가지를 엄격히 준수한다면 초나라를 잘 다스리는 데 크게 이바지할 것입니다."

오늘날에 비추어 보면 노인이 손숙오에게 한 말은 사실 손숙오의 안위를 바라는 염려의 표현일 것이다. 높은 지위를 차지하게 되어 그 권세에 취해 사리사욕을 채우려 들면, 자신을 통제하지 못하여 자신의 도덕 품행 또한 지키기 어려워진다. 이처럼 근본을 잃어버리게 되면 죽은 사람이나 다름이 없기에 이 노인은 경각심을 주기 위해 조문의 형식을 빌려 찾아온 것이다.

많은 녹봉을 받는 고위 관직에 오르더라도 일을 할 때는 겸손하고 신중해야 문제를 사전에 방지할 수 있고, 일을 더 잘해 낼 수 있음은 자명하다.

우리 주변을 돌아보면 처음에는 잘 나가는 듯 승승장구하다가 결국 실패로 귀결되는 사람들이 꽤 많다. 왜 그럴까? 원인은 다양하겠지만, 그들 모두에게는 위기의식이 부족하다는 공통점이 있다.

사람은 대체로 자신의 발전에 유리한 요소만 보고 잠재적 위험을 무시하거나, 다른 사람의 부족함만 보고 자신의 약점을 무시한다. 현실에 안주하며 위험을 잊고, 멀리 보지 못하는 것이다. 혹시 닥칠지 모르는 위기에 대한 인식도 부족하고, 준비도 불충분하기에 결국 실패를 감수해야 하는 운명을 마주하는 것이다.

『안티프래질Antifragile』[7]이라는 책에도 언급되었듯이 만약 우리가 평소에 어떠한 외부 자극도 받지 않는, 마치 진공의 상태에서 사는 것처럼 지내면 우리 몸에 저항력이 없어져 약한 바이러스의 공격에도 목숨을 잃을 수 있다. 만약 당신이 그 위기와 어려움을 보지 못하고 자신이 처해 있는 환경을 '진공' 상태로 만든다면, 약간의 문제나 어려움에도 쓰러져 일어날 수 없을 것이다. 사람은 위기의식을 잃으면 언제든지 '위험'에 직면하게 되어 있다. 언제 위험이 닥칠지 모른다는 위기의식을 유지하고, 언제 생길지 모르는 사고에 미리 대비해야만 이 험난한 세상에 살아남을 수 있을 것이다.

---

7 『**안티프래질(Antifragile)**』: 뉴욕대학교 폴리테크닉연구소의 리스크(Risk) 공학 교수 나심 니콜라스 탈레브(Nassim Nicholas Taleb)가 쓴 책으로, 불확실성과 충격을 성장으로 이끄는 힘을 주제로 담고 있다. 불투명한 상황에서의 의사 결정에 초점을 두고 리스크 관리 등의 접근방식을 서술했다.

적재, 적소, 적확, 적임을
명심하라

조세租稅에는 포(직물)에 대한 세稅,
곡식에 대한 세, 부역을 징수하는 세가 있는데,
有布縷之征, 粟米之征, 力役之征,

군자는 이 중 하나만 징수하고, 두 가지는 늦추어 준다.
君子用其一, 緩其二.

두 가지를 한 번에 징수하면 백성들은 굶어 죽고,
用其二而民有殍,

세 가지를 함께 징수하면 부모와 자식이 함께 살지 못하고 흩어지게 되느니라.
用其三而父子離.

『맹자 孟子 · 진심 盡心 · 하下편』

최근 인터넷에서 네티즌들 사이에 뜨거운 논란과 공감을 불러일으킨 글이 하나 있다.

"차라리 내가 대학에 진학하지 않았더라면 마음 편히 식당 종업원이라도 할 수 있을 텐데."

이 글을 포스팅한 게시자는 여러 번 구직에 실패하여 좌절감을 겪고 있는 대졸 취업준비생이었다. 나날이 치열한 경쟁의 압박이 심해지는 요즘 시대에는 자신이 어디로 가야 할지, 심지어 자신이 무엇을 해야 할지, 무엇을 할 수 있는지조차 모르는 상태로 갑자기 캠퍼스를 떠나야 하는 젊은이들이 많아지고 있다.

사실, 이는 자신이 있어야 할 정확한 위치Positioning를 찾지 못하는 문제에서 기인한 것이다. 한 치 앞도 내다보기 어려운 불확실성이 난무하는 시대에 자신이 있어야 할 자리를 찾는 것은 우리가 반드시 직면해야 할 중요한 삶의 과제 중 하나다.

내 이야기를 예로 들어보겠다. 나에 관한 이야기를 할 때 가장 처음으로 언급되는 직업은 아마도 '강사'일 것이다. 사실 나는 중국중앙텔레비전China Central Television의 사회자로, 또 대학교 교수로, 심지어는 외식 사업까지 영역을 확장해 가며 다양한 일을 해왔지만, 정말 내가 애정을 쏟으며 결국 이 자리까지 나를 이끈 것은 '강사'라는 직업이다. 이를 통해서도 자신의 자리를 찾아내고 그 자리에 가기 위한 여정, 즉 정확한 포지셔닝을 위해서는 집중과 노력이 얼마나 중요한지 알 수 있을 것이다.

　자신의 성향이나 특기에 알맞은 위치를 정확히 찾아내어, 그 자리에서 자신이 가장 잘할 수 있는 일에 있는 힘을 다해 매진해야 한다. 그러나 우리 주위에는 이렇게 하지 않는 사람들이 많다. 그들은 항상 다양한 분야에 손을 뻗치면서 성공을 추구한다. 모든 분야에서 성과를 거두어 빛나길 원하지만, 이는 불가능한 일이다. 그렇다고 다양한 분야에 도전하는 것이 나쁘다는 말이 아니다. 만약 한 사람이 여러 방면에서 두각을 드러낼 수 있다면 이는 당연히 좋은 일이다. 하지만 여기서 한 가지 분명히 해야 할 것이 있다. 만약 당신이 어떤 일을 한다고 가정했을 때 그것이 사업을 하는 것인지, 단발성 거래를 한 것인지, 또 당신이 투자를 하고 있는 것인지, 아니면 투기를 하는 것인지 등을 명확히 해야 한다.

　최근에는 자신의 가장 많은 시간을 할애하는 일을 하는 자아를 '본캐[8]', 다른 분야의 일을 도모하는 새로운 자아를 '부캐[9]'라고 일

---

8 본캐 : 온라인 게임에서 유래된 용어로 주로 사용하는 캐릭터의 줄임말이다.
9 부캐 : 온라인 게임에서 유래된 용어로 부수적으로 사용하는 캐릭터의 줄임말이다.

컫는 신조어가 생겨날 정도로 한 사람이 여러 분야에서 성공을 거두기 위해 동분서주東奔西走하는 경우가 많다. 하지만 그 이면을 살펴보면 실제로 자신이 속한 산업의 다양한 상황을 완전히 이해하지 못한 채 맹목적으로 달려드는 경우가 대부분이다. 결국 시시각각 다가오는 난관에 부딪히면 이겨내지 못하고 주저앉고 만다.

부동산 기업을 예로 들어보자. 여러 부동산 기업이 현금 유동성을 확보하기 위해 사업 다각화를 모색한다. 자신의 기업을 대기업으로 도약시키기 위해 기존의 부동산 사업뿐만 아니라, 엔터테인먼트, 자동차, 인터넷 등 다양한 분야에 뛰어들며 사업 영역을 확장한다.

안타깝게도 많은 기업이 제대로 된 사전 조사도 없이 이런 무분별한 사업 확장을 시도한다. 눈앞에 뻔히 보이는 막대한 위험과 잠재된 위험 요소들까지 무시한 채 맹목적으로 다각화를 추진하는 탓에 기업들은 결국 누구나 예상할 수 있었던 쓰라린 결말을 맞이하게 된다.

지금은 파산하고 사라진 기업 중에 독일의 거대 건축 회사 '필립 홀츠먼Phillipp Holzman'이라는 기업이 있었다. 홀츠먼 건설은 지난 100여 년의 시간 동안 많은 건설 프로젝트를 수주했는데, 그중 독일 국회의사당과 독일의 오페라 하우스 알테 오퍼Alte Oper 등 지금까지도 우리가 잘 알고 있는 건축사에 길이 남을 유명한 프로젝트들을 많이 시공하기도 했다.

1990년대 초, 필립 홀츠먼의 경영진은 독일 부동산 산업이 분명히 큰 성과를 거두리라 생각하여 맹목적인 사업 다각화로 발걸음을 내디뎠다. 그들은 자신의 기업이 지금까지 해왔던 주요 사업인 철도 건설과 거의 관련이 없는 건축 및 토목공학까지 사업 분야를 확장하였다. 90년대 초반 통일 이후 동독 지역 부동산 개발사업에 무리하게 뛰어들었지만, 독일 부동산 업계가 부진을 거듭하여 흑자를 내지 못하자 과잉 투자를 했던 필립 홀츠먼 건설은 헤어 나올 수 없는 수렁에 빠졌다. 이 손실을 은폐하는 과정에서 걷잡을 수 없이 엄청난 부채를 축적한 필립 홀츠먼 건설은 결국 2002년 역사의 뒤안길로 사라지고 말았다.

오랫동안 연구해 온 분야에서 끊임없이 축적한 다양한 지식과 경험이 있다면 해당 분야에서는 이 자원을 기반으로 물 만난 물고기처럼 자유자재로 자기 능력을 펼쳐 보일 수 있을 것이다. 그러나 자신의 위치를 정확히 찾지 못한 채 탐욕스럽고 허영기 가득한 욕망에 빠져 익숙하지 않은 여러 분야에 충동적으로 자신의 에너지를 투자하는 것은, 자신만의 차별화된 능력과 우세한 이점들을 모두 열세로 전환하는 것과 같다. 차별화된 경쟁력 없이 새로운 분야에 도전해서 다시 우위를 얻기란 실로 어려운 일이다.

모든 일을 다 잘하려고 하는 문제에 관해 『맹자·진심·하편』에서
는 이렇게 일렀다.

> "백성에게 조세를 징수함에 있어 명주와 삼베 등의 직물로
> 거두는 방법, 곡물로 거두는 방법, 부역을 부과하는 방법이
> 있다. 군자는 이 방법들 가운데 한 가지 방법만을 사용하여
> 세금을 부과하고 나머지는 느슨하게 해준다. 이 중 한 번에
> 두 가지 방법을 사용하면 백성들이 굶어 죽는 일이 생기고,
> 세 가지 방법을 모두 동원하여 세금을 거두어들이면 길과 들
> 에는 굶어 죽은 시체들이 넘쳐나고 부모와 자식은 서로 헤어
> 져 온전한 가족을 이루지 못하게 된다."

이는 나라가 발전하는 과정에서 세금을 징수하는 것은 필수 불가
결한 일임에도 이 중 두 가지를 함께 거두어들이면 백성들은 굶어
죽을 만큼 생활이 어려워지고, 세 가지 방법을 다 동원하여 한 번에
거두어들이면 아버지는 아들을 부양할 수 없고, 아들은 아버지를
섬길 수 없어지므로 사회 전체가 산산조각이 나서 나라를 제대로
지탱하지 못하게 된다는 뜻이다.

이 이치를 개인에게도 똑같이 적용할 수 있다. 자신이 가장 잘하
는 단 하나의 중요한 일을 찾는다면 이 일에 끝장을 보겠다는 각오

로 파고드는 게 가능할 것이다. 그러나 두 가지 일을 동시에 하려고 한다면 그 노력과 에너지는 분산될 수밖에 없다. 서너 가지 일을 한 번에 하려고 한다면 분명히 그 어느 것 하나도 잘 해내기 어려워진다. 결국, **우리는 우리가 가장 잘하는 일을 해야 하고, 자기 능력에 적합한 일을 해야 하며, 자신의 본업과 무관한 업무는 쉽게 건드리지 말아야 한다.**

나는 어렸을 때 디즈니의 '미키마우스' 캐릭터를 유난히 좋아했다. 미키마우스는 1928년 탄생 이후 지금까지도 관객들에게 웃음을 선사하며 변함없는 사랑을 받고 있다. 이 만화 캐릭터는 영화로도 큰 성공을 거두었으며, 디즈니는 영화 산업의 핵심 주류에서 벗어난 적이 없다.

100년 가까운 세월을 거쳐 현재 디즈니는 〈백설공주〉, 〈니모를 찾아서〉, 〈토이스토리〉, 〈모아나〉, 〈코코〉 등 애니메이션뿐 아니라 〈캐리비안의 해적〉, 〈알라딘〉 등 실사 영화도 다수 제작하며 큰 인기를 끌었다. 오늘날 디즈니는 마블 엔터테인먼트Marvel Entertainment, LLC와 21세기 폭스 주식회사21st Century Fox Inc. 등을 인수해 영화업계의 최강자로 자리매김하고 있다.

디즈니는 다른 분야에서 큰 성과를 낸 적이 없는데도 이미 세계 굴지의 초대형 기업이 되었다.

우리는 이를 통해 자신이 있어야 할 곳과 자신이 가장 잘할 수 있는 일을 정확히 파악하고, 그 자리에서 열심히 노력하는 것이 지속적인 향상과 발전을 위하는 최우선 사항임을 알 수 있다. 또한 입신양명立身揚名의 근본은 바로 단 하나를 선택하고 집중하는 것에 있다. 사실 우리 각자가 몸담은 분야가 어떤 분야든 간에 모든 것에는 발전의 여지가 무궁무진하다. 많은 것을 잘 해내기 위해 지금껏 해오던 분야와 무관한 외부에서 집중할 대상을 찾을 필요는 없다. 정확한 포지셔닝을 찾았다면 내부에도 언제나 기회는 있다.

생각의 크기가
성취의 크기를 결정한다

큰 나라이면서 작은 나라를 사랑하는 자는 하늘의 이치를 즐기는 자고,

以大事小者, 乐天者也,

작은 나라이면서 큰 나라를 섬기는 자는 하늘의 이치를 두려워하는 자니,

以小事大者, 畏天者也,

하늘의 이치를 즐거이 따르는 자는 천하를 보전하고,

乐天者保天下,

하늘의 이치를 두려워하여 따르는 자는 자기 나라를 보전하느니라.

畏天者保其国.

『맹자孟子 · 양혜왕梁惠王 · 하下편』

사회생활을 하면서 우리는 비록 최하위 직급에서 시작했어도 근면 성실한 태도와 강력한 추진력을 바탕으로 주어진 임무를 척척 완수하여 중간 관리직까지 빠르게 승진하는 사람들을 종종 보곤 한다. 하지만 이런 사람 중 일부는 승진 이후에도 전과 다름없이 적극적인 태도로 열심히 노력하는데 업무 성과는 하향일로下向一路를 걷기도 한다.

왜 이런 일이 생기는 걸까? 그 근원을 따져보면, 이 사람들이 이루고자 하는 목표의 높이가 높지 않았기 때문에 이런 결과가 초래됐다고 볼 수 있다.

하위 직급에서 처리해야 하는 업무는 비교적 단순하다. 하지만 중간 관리직에 오른 후에는 자신의 업무 외에도 전체 팀의 '조정자'가 되어 상급자의 지시를 전달하고, 목표를 이루기 위한 업무를 부서원에게 적절히 나누어 주어야 하는 책임을 져야 한다. 그뿐만 아니라 조정된 업무에 따른 진행 상태를 관리하며 각 부서원의 성과를 평가해야 한다. 이러한 관점에서 볼 때 우수한 중간 관리자는 하나하나 놓치지 않고 꼼꼼하게 챙길 수 있는 주도면밀함뿐만 아니라 다른 사람에게 아량을 베풀고 용서할 수 있는 너그러운 마음, 조직에 나아가야 할 방향을 제시할 목표 의식이 있어야 한다.

그러나 일부 사람들은 중간 관리자 직위에 오른 후에도 여전히 예전의 말단 직원처럼 눈앞에 보이는 작은 이익만 보면서 기업과 상급자의 전략적 의도를 파악하지 못한다. 조직이 나아가야 할 방향, 즉 미래상에 대한 이해가 부족하면 의사결정 과정에서 고려해야 할 사항들을 전체적으로 파악하지 못하므로 예기치 못한 복잡한 상황에도 적절히 대처하지 못한다.

일찍이 제齊나라 선왕宣王은 맹자에게 어떻게 하면 주변 국가들과 화친을 도모할 수 있는지 그 지혜를 구한 바 있다. 맹자는 제나라 선왕에게 '탕사갈湯事葛, 상商나라 탕왕湯王이 갈백葛伯을 섬기다'와 '문왕사곤이,文王事昆夷, 주周나라의 문왕文王이 곤이昆夷를 섬기다'의 일화로 대답했다.

'탕사갈'은 상나라 탕왕과 갈백의 관계에 관한 이야기다. 당시 상나라와 갈나라는 모두 하夏나라의 제후국이었다. 갈나라 왕 갈백은 식견이 좁고 어리석어 상나라를 자주 도발했을 뿐만 아니라, 가진 것이 없다는 이유로 조상에 대한 제사도 안 지내고, 백성들의 생업을 돌보지 않아 다들 굶어 죽을 상황이었다. 탕왕은 이를 듣고 어진 마음을 베풀어 그들이 제사에 쓸 가축과 백성들에게 나눠줄 곡식 등을 보냈으며, 또한 사람을 파견해 갈나라 백성을 대신해 농사를 짓게 했다. 하지만 갈백은 탕왕의 도움을 고마워하기는커녕, 백성들의 음식까지 탐을 내 몽땅 빼앗아 버렸다. 그래서 탕왕은 어쩔 수 없이 군대를 일으켜 칼을 들어 갈나라를 정벌하여 멸망시켰다.

갈나라 백성들은 기뻐 손뼉을 치며 상나라에 귀의했다.

'문왕사곤이文王事昆夷'에 나오는 곤이昆夷[10]는 주나라 옆에 있던 약소국이다. 당시 주나라는 이미 막대한 힘을 가진 부강한 나라였으나 곤이는 제 분수를 모르고 제멋대로 군사를 일으켜 이웃한 주나라를 도발하였다. 이때 주나라의 문왕이 곤이를 대하는 외교정책은 일반적이지 않았다. 강대국이었던 주나라의 문왕은 출병하여 곤이를 토벌하기는커녕 약소국을 예로 대하며 제 발로 돌아가게끔 하였다.

맹자가 제나라 선왕에게 이런 말을 한 것은 사물의 본질을 꿰뚫어 보는 안목과 식견인 '혜안慧眼'을 가진 사람만이 소국의 신분으로 대국을 섬길 수 있다는 것을 알려 주기 위한 것이다. 강대국이 약소국을 집어삼키는 것은 자연스러운 약육강식의 이치다. 그러니 약소국은 단지 호기를 가지고 계란으로 바위 치기를 할 게 아니라 대국을 섬기면서 백성에게 은혜로운 정치를 베풀어 부국의 기틀을 다져야 한다. 군사력이나 경제력이 월등한 대국이 주변국과 외교 관계를 맺음에 있어 이웃 나라가 자주권을 버리고 자신에게 복종하라는 식이어서는 결코 안 되며, 주나라 문왕처럼 인자하게 믿음과 평화

---

10 **곤이(昆夷)** : 고대 중국 산시(陝西·山西) 지역에 거주한 서융의 한 부족으로 견융(畎戎)·견이(犬夷)라고도 하며 『시경』에 나오는 염윤(獫狁)·험윤(玁狁)·훈국(獯鬻)과 동일 부족이다.

를 중시해야 한다는 것을 일깨워 준 것이다.

그러면 탕왕과 문왕은 왜 이렇게 행동했을까?

『맹자·양혜왕·하편』에서 맹자는 이렇게 일렀다.

> "큰 나라로서 작은 나라를 섬기는 자는 하늘의 이치를 즐기
> 는 자이며, 작은 나라로서 큰 나라를 섬기는 자는 하늘을 두
> 려워하는 자다. 하늘의 이치를 즐기는 자는 천하를 보존하
> 고, 하늘의 위엄을 두려워하는 자는 자기 나라를 보존한다."

대국으로서 자국의 힘을 믿고 약소국을 괴롭히지 않을 수 있는
것은 하늘의 이치를 따라 사람의 길을 걷는 것이다. 『역경易經』에
서 또한 이르기를 "하늘의 이치를 즐기는 자는 근심이 없다."라고
하였다.

주나라가 해야 하는 강대국의 역할은 곤이 같은 작은 나라를 보
살피고, 약소국들을 난처하게 만들지 않는 것이다. 이것이야말로
하늘의 뜻에 따르는 것과 같다. 작은 약소국의 도리는 자국의 정세
를 잘 알고, 작은 책략으로 큰일을 도모하지 않으며, 공손함을 다하
는 것이다. 간단히 말해서, 하늘의 이치를 즐기는 자는 넓은 마음으
로 모든 것을 끌어안고 포용할 수 있어야 '천하를 지킬 수 있다'는
것이며, 하늘의 이치를 두려워하는 자는 경외심을 가지고 강대국이

쳐들어올 빌미를 주지 않아야 '나라를 지킬 수 있다'는 말이다.

맹자의 이 말은 현재를 사는 우리가 개인의 발전을 꾀하는 데에
도 똑같이 중요한 의미가 있다. **사람이 가슴에 품은 생각의 크기가
성취의 크기를 결정한다. 자신이 정한 목표가 그 사람의 업무 스타
일 또한 결정한다.** 큰 목표와 넓은 마음을 가진 사람은 겸손한 태도
를 견지하여 쉽게 거만하게 행동하지 않으며, 더 고차원적인 차원
에서 문제를 바라볼 수 있다. 아랫사람을 대할 때는 자애로운 마음
을 가지고 함부로 괴롭히지 않고 배려하며, 존중할 줄 알아야 아랫
사람의 인정과 추종을 받을 수 있다.

그런데 제나라 선왕은 맹자의 가르침을 듣고 이렇게 답했다.

"당신 말이 다 맞습니다. 다 맞는 말이긴 하지만 저는 안 될 것 같
습니다. 저에게는 전쟁을 좋아한다는 고질병이 하나 있기 때문입
니다."

선왕의 이 말은, 맹자의 가르침은 주변에 위치한 대국, 소국과의
외교정책을 수립하는 데 있어 하늘의 이치를 따져 관계를 맺는 '인
의 정치'를 강조한 것일진대, 자신은 전쟁을 좋아하기에 이를 잘 해
낼 자신이 없다는 뜻이었다.

맹자는 이 말을 듣고 이렇게 답하였다.

"대왕께서 전쟁을 좋아하시는 것이 그릇된 것은 아닙니다. 주나라의 문왕도 전쟁으로 천하를 평정하였습니다. 만약 왕께서 전쟁을 일으켜 천하의 백성을 안정시킬 수 있다면, 오히려 백성들은 왕께서 전쟁을 통해 안정을 도모할 만큼의 용맹함이 없으실까 염려할 것입니다."

이 말은 사람이 품은 뜻의 크기에 대해 말하는 것이다. 만약 당신이 매일 한 사람, 한 가지 일만을 바라보면서 전체적인 국면은 보지 못한 채 자신의 힘을 기른다면, 그것은 단지 '한 사람의 적만 상대할 수 있는 필부匹夫의 용기'에 지나지 않는다. 그러나 큰 틀에서 문제를 바라볼 수 있다면, '『시경詩經』'에서 등장하는 주나라 문왕처럼 큰 사람이 될 수 있다.

"왕께서는 발끈 화를 내시더니 군대를 전방으로 정비하시었다. 거莒 땅을 침략하는 적을 막으시고, 주나라의 위신을 높이며 천하의 백성들을 마주하셨다."[11]

---

11 『시경詩經』「황의皇矣」의 원문에는 "왕께서 크게 노하시어 군대를 정비하여 막아주시니 주나라의 복을 돈독히 하시어 천하에 답하셨느니라."라고 적혀 있다.

이것이야말로 제왕으로서 품어야 할 큰 용기다. 겉으로 보면 맹자와 제나라 선왕은 천하를 다스릴 방법과 천하의 백성들을 안정시킬 방법, 즉 '정치'와 '정책'에 대해 논의한 것처럼 보이지만 실제로는 모두 왕으로서 갖추어야 할 큰 그릇에 대한 문제를 말한다. 제왕은 용맹함을 좋아할 수 있다. 그러나 제왕이나 우리가 지니기에 바람직한 '용기'는 '작은 용기'가 아닌 '큰 용기'다.

만약 당신이 모든 일을 자신의 관점에서, 자신의 이익만을 추구한다면 아무리 용감해도 당신이 지닌 것은 '작은 용기'에 불과하다. 그러나 당신이 다른 사람을 위해, 전 인류의 발전을 위해 생각한다면, 그것이야말로 진정한 '큰 용기'다. 김용의 소설 『사조영웅전』에도 쓰여 있듯이 '큰 인물은 나라와 백성을 위한다'라고 하였다. 사사로운 이익을 추구하는 것에서 벗어나야만 혜안을 갖고 미래상을 제시할 수 있는 사람이 되어 큰 목표를 이루어 낼 수 있다.

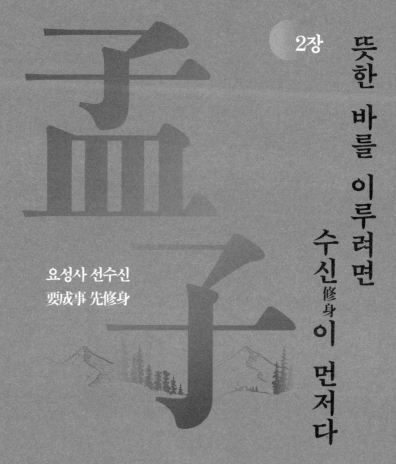

2장

뜻한 바를 이루려면
수신修身이 먼저다

요성사 선수신
要成事 先修身

孟子

무엇이든 가능케 하는 만능 치트키,
자기관리

오늘 죽는 것을 싫어하면서 어질지 못한 것을 좋아하니,

今恶死亡而乐不仁,

이는 취하기를 싫어하면서 술을 억지로 마시는 것과 같은 것이니라.

是犹恶醉而强酒.

『맹자孟子 · 이루离娄 · 상上편』

"인생을 살면서 받는 가장 큰 스트레스가 무엇이냐고 묻는다면 저는 자기관리라고 답할 것입니다. 사람의 인생을 통틀어 가장 하기 힘든 일 중 하나가 바로 자신을 잘 관리하는 것임을 뒤늦게 깨달 았습니다."

이는 중국의 중앙텔레비전China Central Television 유명 앵커 사베이 냉이 한 프로그램에 나와 자기관리의 중요성에 대해 강조한 말이다.

내 주위의 훌륭한 사람들에게는 한 가지 공통점이 있다. 바로 그들은 모두 자신에게 엄격한 '자기관리의 달인'이라는 점이다.

『맹자·이루·상편』에 이런 말이 있다.

> "행함에 얻지 못함이 있거든 돌이켜 자신에게서 원인을 구해야 한다."

이는 어떤 일이 순조롭게 풀리지 않으면 그 원인을 외부 요인에서 찾을 것이 아니라, 자신을 향하는 성찰에 집중해야 한다는 뜻이다. 그들은 문제가 생기면 좀처럼 다른 사람을 먼저 책망하지 않고, 자신에게서 원인을 찾은 후 스스로 해결할 방법을 찾는다.

많은 사람이 들어봤을 법한 자기관리에 관한 유명한 일화가 있다.

미국 시애틀에 한 교회가 있는데 이 교회는 목회자의 적극적인 목회 활동을 통해 많은 신도로 문전성시를 이뤘다. 어느 날 이 목회자는 신도들에게 한 가지 제안을 했다. 누구라도 성경의 마태복음 5장에서 7장까지의 내용을 전부 외우면 시애틀의 랜드마크인 스페이스 니들Space Needle12 레스토랑에서 크리스마스 디너를 즐길 기회를 주겠다고 했다. 목회자가 외우라고 한 마태복음 5장에서 7장은 내용이 상당히 길어서 암기하기가 무척 어렵다. 그래서 많은 사람이 스페이스 니들의 레스토랑에서 식사하기를 간절히 원하면서도 금세 포기해 버렸다. 그런데 며칠 후 겨우 열한 살짜리 사내아이가 한 글자도 틀리지 않고 약속한 성경을 모두 암송했다. 목회자는 깜짝 놀라 물었다.

"이렇게 긴 내용을 어떻게 다 외웠니?"

어린 소년은 조금도 망설이지 않고 답했다.

"처음에는 긴장을 많이 했어요. 그런데 나중에는 그 스트레스를 동기부여로 바꿨어요. 거의 매일 먹지도 않고 잠도 자지 않고 최선을 다해 외웠습니다."

이 어린 소년이 바로 훗날 마이크로소프트의 창업자가 된 빌 게이츠Bill Gates다.

이것이 바로 자기관리의 매력이다. 물론 우리는 그렇게 긴 성경책을 고생해서 외울 필요는 없다. 하지만 우리에게도 자기관리는 무척이나 중요하다.

『자기 자신을 관리하라Managing yourself』의 저자 파리크Parikh, Jagdish

---

12 **스페이스 니들**(Space Needle) : 미국 태평양 북서부 워싱턴주 시애틀에 있는 총 높이 180m의 탑으로 지역의 주요 랜드마크이자 시애틀의 상징이다.

는 "당신의 인생을 경영하라. 당신의 삶조차 경영하지 못한다면, 당신은 그 누구도, 그 어떠한 것도 경영할 수 없다."라고 강조한 바 있다.

맹자는 이미 수천 년 전에 이 점을 깨달았다. 『맹자·이루 상편』에 이런 말을 남겼다.

> "자기 백성에게 난폭한 정치를 일삼으면 그 자신은 죽게 되고 나라는 망하게 되니라. 정도가 심하지는 않더라도 폭정을 펴면 자신의 입지는 위태롭게 되고 국력도 쇠하게 되니라. 주周나라의 유왕幽王과 여왕厲王처럼 정치를 하면 여러 세대에 걸친 후대 자손들이 아무리 유덕하고 현명하다고 해도 그들이 미친 영향은 변하지 않느니라."

다시 말해 위정자가 너무 포악하면 언제든지 죽을 위험이 도사리고 있고, 너무 심하게 굴지 않더라도 자신을 위험에 빠뜨려 국력을 약하게 만들 뿐만 아니라, 죽어서 몇백 년이 흐른 지금까지도 '유왕'과 '여왕'처럼 폭군의 대명사가 되어 후세에도 당신이 좋은 사람이 아니라는 것을 알리게 될 것이라는 뜻이다.

'가짜 봉화의 제후'로 유명한 주나라 '유왕'의 이름은 낯설지 않을 것이다. 주나라의 제12대 왕인 유왕은 어리석고 아둔하여 자신을 잘 관리하지 못해 조정의 기강을 어지럽힌 왕이다. 여왕은 유왕의 할아버지로 주나라의 제10대 왕인데 무능하고 탐욕스러웠을 뿐만 아니라 살인을 일삼아 무고한 많은 사람의 목숨을 빼앗았다. 심지어는 조정에서 국정을 논하는 것조차 허락하지 않았다. 신하가 감히 충언을 올리면 그의 머리를 베었고, 결국 백성들의 생활은 이루 말할 수 없이 궁핍해졌다. 심지어 길에서 만나 이야기를 나누고 싶을 때조차 통치자의 폭정이 두려워 아무런 말도 하지 못하고 서로 눈빛을 교환할 정도로 핍박당해 '길에서 만나도 말도 못하고 눈짓으로 뜻을 표시한다'는 '도로이목道路以目'이라는 사자성어가 탄생하게 되었다.

이에 맹자는 이 두 왕을 예로 들어 왕에게 유왕과 여왕처럼 정치를 하면 안 된다고 이르며, 왕이 어진 정치를 펴지 못하면 국가를 보전하지 못할 것이라고 경고하였다.

또한 왕이 어진 인의 정치를 편다고 해서 신하와 일반 백성들이 길을 버리고 방만해져서는 안 된다며 다음과 같이 강조했다.

"하夏나라, 은殷나라, 주周나라 세 왕조가 천하를 얻게 된 것도 인仁 때문이고, 세 왕조가 천하를 잃은 것 역시 인仁을 지키지 못했기 때문이다. 한 나라의 흥망성쇠 역시 마찬가지이다. 천자가 어질지 못하면 천하를 지키기 어렵고, 제후가 어질지 않으면 사직을 지키기 어렵다. 사대부가 어질지 않으면 종묘를 지키기 어려우며, 백성들이 어질지 않으면 자신의 목숨하나 부지하기 어렵다. 사람들은 지금 당장 죽거나 망할 것을 두려워하면서도 아랑곳하지 않고 나쁜 짓을 즐겨 하는데, 이는 술에 취하는 것을 싫어하면서도 굳이 술을 마셔 취하는 것과 같으니라."

나는 이 말을 읽고 깊이 공감하였다. 오늘날에는 이런 사람들이 너무나 많기 때문이다. 술을 예로 들어보자. 요즘 주변에서 술을 마시다가 병원에 입원하게 되는 사람들을 자주 본다. 왜 이렇게 몸을 해치면서까지 술을 마시려 하는지 정말 이해할 수가 없다. 일 때문에, 회사 생활로 어쩔 수 없이, 혼자 빠질 수 없으니 과음할 수밖에 없었다고 핑계를 댄다면 아무리 다음부터는 절대 이렇게 마시지 않겠다고 다짐해도 결국 다시 술자리를 찾아 만취할 가능성이 높다.

맹자는 군주, 제후, 신하와 백성들이 왜 인을 구축해야 하는지 설명하며 이를 고려하지 않는다면 어떤 치명적인 결과가 초래되는지 강조했다. 그 결과는 모든 사람이 이미 잘 알고 있을뿐더러 모두가 가장 원하지 않는 것이다. 하지만 정말 이상하게도 사람들은 사람으로서 마땅히 걸어야 할 이러한 길을 기꺼이 포기한다. 왜 그럴까? 이유는 바로 자기관리 능력이 너무 떨어지기 때문이다.

자신을 관리하는 것에는 자신의 생활, 학습, 일, 시간 등에 대한 관리가 포함된다. 한 사람이 자기 일조차 제대로 관리하지 못하면 외부의 방해에 쉽게 영향받게 된다. 애초에 세웠던 계획대로 순조롭게 진행할 수 없어져 목표를 달성할 수 없게 되는 것이다. 환경의 지배를 받으며 그 생활에 순종해 하루하루 적당히 살아간다면 무슨 성취를 논할 수 있겠는가?

'뚜껑의 법칙'이라는 유명한 경영학 용어가 있다. 이는 존 C. 맥스웰John C. Maxwell[13]의 『리더십 불변의 법칙』이란 책에서 처음 언급된 용어로 냄비 안의 물이 그 뚜껑을 넘을 수 없는 것처럼, 리더십은 사람이 하는 일의 효력을 결정하는 뚜껑과 같아서 관리자의 관리 능력만큼만 조직원이 성과를 낼 수 있다는 뜻이다. 리더십은 '뚜껑', 일 처리 능력은 '물'에 빗댈 수 있다. 물은 뚜껑보다 높을 수 없기에 리더의 리더십 수준이 높으면 조직원의 일 처리 능력도 높아지고, 리더십 수준이 낮으면 일 처리 능력도 낮아진다. 그래서 당신의 성과는 결코 당신의 관리자를 능가하지 못하게 된다.

---

13 **존 C. 맥스웰(John C. Maxwell)** : 세계적인 리더십 전문가이며 110여 권의 책을 펴낸 작가로서 리더십 컨설팅 그룹 EQUIP과 INJOY의 설립자다. 그의 저서는 전 세계에 1,600만 부 이상 판매되었다.

이 이론은 우리의 자기관리에도 똑같이 적용된다. 당신이 자신을 잘 관리해야만 생활, 일, 사업 방면의 문제를 잘 처리할 수 있다. 그래서 경영의 대가 피터 드러커Peter Ferdinand Drucker는 "현대 사회에서 자기관리는 매우 중요한 가치로 인정받고 있다. 탁월한 자기관리 능력은 개인의 성공에 중요한 키포인트가 되었다. 성공의 열쇠는 바로 자기관리에 있다."라고 하였다.

어느 분야에서든 영향력 있는 사람이 되고 싶다면 먼저 자기관리에 능한 사람이 되어야 하며, 생각과 행동에서 자기 삶을 경영하는 최고 경영자가 될 수 있어야 한다.

지극한 정성만이
인생을 순조롭게 인도한다

낮은 자리에 있으면서도 윗사람에게 신뢰를 얻지 못한다면
백성을 얻어서 다스릴 수 없다.
居下位而不獲于上, 民不可得而治也.

윗사람에게 신뢰를 얻는 데는 길이 있으니,
獲于上有道,

친구의 신임을 얻지 못하면 윗사람에게도 신임을 얻지 못할 것이다.
不信于友, 弗獲于上矣.

친구에게 신뢰를 얻는 데에도 길이 있으니,
信于友有道,

어버이를 섬겨 기쁘게 하지 못하면
친구에게도 신뢰를 얻지 못할 것이니라.

事亲弗悦. 弗信于友矣.

『맹자孟子 · 이루离娄 · 상上편』

"하급 통치자는 오로지 자기 능력만을 사용하고, 중급 통치
자는 다른 사람의 힘을 최대한 이용하며, 상급 통치자는 다
른 사람의 지혜를 최대한 활용한다."

이는 한비자韓非子14의 말로 아둔한 군주는 오직 자신 한 사람의
능력으로 나라를 다스리며, 보통의 군주는 다른 사람의 힘을 빌려
다스리고, 현명한 군주는 여러 사람의 지력으로 다스린다는 뜻이다.
이 말은 오늘날 우리가 처세할 때 지켜야 할 원칙이기도 하다. 일
을 잘하는 사람은 어느 순간에서든 지혜와 마음, 그리고 욕망까지
모두 활용할 수 있다. 그러기 위해서는 먼저 인간의 본성과 마음을
알아야 한다. 특히 업무상 동료와 부하 직원의 열정을 고취해 적극
적인 태도를 끌어내는 데 능숙해야 할 뿐만 아니라 상급자에게 인
정받아서 그의 전폭적인 지원을 끌어낼 수 있어야 한다. 그렇지 않

---

14 한비자(韓非子, 기원전 281년 ~ 기원전 233년) : 본명은 한비(韓非)로 전국 시대 말기 한(韓)나
라 왕족 출신의 법치주의를 주장한 철학자다. 법가를 집대성한 철학자로 널리 알려져 있다.

으면, 일이 순조롭게 진행되기 어렵다.

주위 사람들과 경험담을 나눠보면 어떤 이들은 회사 생활이 아주 쉽다고 말한다.

"평소에 높은 분들에게는 아첨을 많이 해야 해요. 듣기 좋은 말만 골라 해서 좋은 관계를 맺어 그들의 지지와 신임을 얻으면 그다음은 쉽게 풀리죠."

일리 있는 말처럼 들리지만, 나는 이런 방식에 절대 동의하지 않는다.

『맹자·이루·상편』에 이런 말이 있다.

> "아랫사람의 위치에 있으면서도 윗사람의 마음을 얻지 못하면 백성을 다스릴 수가 없다. 윗사람의 마음을 얻는 데에는 방법이 있으니, 이는 먼저 벗에게서 믿음을 얻어야 이루어진다. 벗으로부터 신뢰를 얻지 못한 자는 윗사람의 마음을 얻지 못한다."

만약 당신이 다른 사람의 지휘 아래에서 일을 순조롭게 진행하고 싶다면 먼저 상급자의 지지가 반드시 수반되어야 할 것이다. 그렇지 않으면 자신이 뜻한 바를 이루지 못하게 된다. 하지만 상급자의 지지를 얻는 방법은 알량한 말로 아부하는 것이 아닌, 주변 동료들로부터 신뢰를 얻는 데 있다.

얼핏 처음 이 말을 들으면 무슨 뜻인지 당최 갈피를 잡을 수 없을지도 모른다. 윗사람과 좋은 관계를 맺어 그들의 지지를 얻는 것과 동료의 신뢰를 얻는 것이 무슨 상관이 있단 말인가?

맹자는 이것을 이렇게 설명한다. 당신과 상급자는 상대적으로 멀리 떨어져 있으므로 그는 당신에 대한 이해도가 높지 않을 수 있다. 하지만 평소에 가깝게 지내는 당신의 동료는 당신이 어떤 사람인지 잘 안다. 만약 당신의 동료들이 당신에 대해 칭찬하고, 당신을 신뢰하며 당신과 가깝게 지내기를 원한다면, 이는 당신이 유능하고 믿을 수 있는 사람임을 의미한다. 상급자는 동료들이 당신에게 대하는 태도를 통해 당신에게 신의를 갖는다.

바로 이 점이 중요하다. 훌륭한 리더들은 부하들이 자기 앞에서 어떻게 말하고 행동하는지를 보지 않는다. 그들은 자기 부하 직원들의 위치에 서서 관찰하고 이해하려 노력한다. 부하 직원들 사이에서 특히 신뢰받는 사람이 있다면 처음에는 호감을 느끼다가 서서히 마음속에 그 부하 직원에 대한 존재감이 자리 잡게 되는 것이다.

그렇다면 주변 친구와 동료들의 신뢰는 어떻게 해야 얻을 수 있을까? 맹자는 '벗에게서 믿음을 얻는 데에도 길이 있으니 이는 어버이를 섬겨 기쁘게 해드릴 수 있는지에 달려 있다'고 하였다. 부모님을 섬겨 기쁘게 해드리지 못한다면 벗에게서도 믿음을 얻을 수 없다. 만약 당신이 부모님께 효도하고 잘 보살펴 드릴 줄 알며, 이를 실행하는 사람이라면 이는 당신의 사람 됨됨이가 나쁘지 않다는 것을 의미하기 때문이다.

부모님께 효도하고 기쁘게 해드리는 데에는 또 다른 방법도 있는데, 이는 바로 항상 '정성스럽게 성심성의껏' 자기 자신을 돌보는 것이다. 이렇게 하면 당신은 다른 사람의 결점을 자주 들추어낸다거나 자기 잘못을 반성하지 않는 행위 따위는 하지 않으리라.

"행함에 얻지 못함이 있거든 자신에게서 원인을 구해야 한다."

맹자는 정성을 다하는 것은 자연의 섭리이며, 매사에 정성을 쏟으려 노력하는 것은 인간이 지켜야 할 기본 원칙이라며 이렇게 언급했다. 사람이 일을 할 때 진실한 마음으로 정성을 다해야 모든 것이 순조롭게 풀린다.

나는 언젠가 아키야마 토시테루秋山利輝가 쓴 『장인정신匠人精神』이라는 책에 관하여 출판사 기획 편집자와 토론을 한 적이 있다. 편집자는 나를 시험해 보고 싶어 했던 것 같다.

"판덩 선생님, 이 책에서 말하고자 하는 핵심 주제는 무엇인가요?"

"중용中庸에서 이르기를 군자는 성의를 중시하고, 정성은 모든 사물의 근본이므로 정성이 없는 곳에는 아무것도 없는 것과 마찬가지라 하였습니다. 이 책은 바로 '정성'에 대해 말하고 있는 것입니다."

"선생님 말씀이 맞습니다."

마쓰다 미츠히로[15]가 쓴 『청소력, 행복한 자장磁場을 만드는 힘』이라는 책이 있다. 여기서 저자는 청소를 단지 '더러운 것을 치우는' 행위가 아니라고 했다. **바깥세상을 청소라는 행위로 깨끗하고 질서 있는 공간으로 만들고, 그 변화가 우리 내면의 쓰레기와 먼지를 청소하여 행복한 자장을 만들어 마음과 주변을 변화시킨다. 그리고, 마침내 인생을 바꾸는 강렬한 힘을 발휘하는 것이 '청소'라고 말한다.**

책에 등장하는 할아버지는 60년의 세월 동안 남에게 부탁하지 않고 매일 스스로 회사를 청소한다. 처음에는 직원들 모두 그런 그의 행동을 이해하지 못했지만, 점차 자신도 모르게 이끌려 하나둘

---

15 **마쓰다 미츠히로** : 1969년 일본 홋카이도에서 출생했으며, '청소력 연구회'와 '헤븐 월드'의 대표다. '마음과 청소'를 연구해 『부자가 되려면 책상을 치워라』 등 다수의 책을 펴냈으며 일본과 해외에서 출간된 30권에 달하는 <청소력 시리즈>는 400만 부 이상 판매되어 베스트셀러가 되었다.

자발적으로 청소에 참여하게 되었고, 청소는 곧 이 회사의 기업 문화가 되었다. 중요한 것은 청소를 하다 보면 좋은 점을 많이 발견하게 된다는 점이다. 심성을 갈고 닦으며 마음이 평온해지는 데다 감사하는 마음도 싹트게 된다.

『장인정신』과 『청소력』, 이 두 권의 책이 주는 교훈을 다시 한번 생각해 보자. 책 속에 등장하는 사람들은 모두 열정과 의지를 갖추고 신념을 다해 정성스럽게 인생을 사는 사람들이다. 그들은 항상 자신의 행동이 '정성精誠'이라는 두 글자에 부합될지 생각한다.

"지성이면 감천이다"라고 하였다. 한 사람이 지극히 성실하게 행동하면 감동을 주는 건 당연한 이치다. 반대로 성실하지 못하면서 남을 감동시킬 수 있는 자 또한 없다.

그래서 우리는 맹자의 가르침에 따라 무엇을 하든 항상 자기 자신을 돌아보아야 한다. 자신이 한 일이 주변 사람들에게 어떤 영향과 변화를 주는지, 주변 사람들에게 이익이 될 수 있는지 살펴봐야 한다. 만약 진정성을 충분히 발휘하지 못하고 그저 윗사람과 동료들에게 잘 보이려고만 든다면, 결코 다른 사람들의 신뢰와 호감은 얻을 수 없을 것이다.

훌륭한 사람은 일과 관련된 측면에서나 생활적인 면에서 항상 진실한 마음으로 성실하게 임하고 긍정적인 에너지를 발산하며 주변의 모든 사람에게 영향을 미친다. 그들의 진실한 태도와 너그러운 마음은 언제나 모든 주변 사람에게 감동을 선사한다. 왕양명王陽明[16]의 말처럼 '무엇에나 지극히 정성을 다하는 마음을 기르면 내면은 더욱 단단해지고, 인생은 점점 더 순탄해질 것'이다.

---

16 **왕양명(王陽明)** : 명대(1368~1661) 중기의 대표적 철학자로 본명은 수인(守仁). 명나라 초기에는 주자학이 지배적이었는데, 이에 대해 그는 독자적인 유학 사상을 내세워 '양명학'을 창시하였다.

충분한 인내의 또 다른 이름,
의미 있는 성취

벼슬자리로 나아가는 것이 셋이고, 물러나는 것이 셋이다.
所就三, 所去三.

그를 맞이하는 데 지극히 공경하고 예의를 갖추며,
迎之致敬以有礼,

장차 그의 말대로 이행하겠다고 말하면 곧 벼슬길에 오른다. (중략)
言將行其言也, 則就之…

그를 구하면 역시 벼슬을 받을 수 있으나, 이는 죽음을 면할 수준일 뿐이니라.
周之, 亦可受也, 免死而已矣.

『맹자孟子 · 고자告子 · 하下편』

나는 업무상의 이유로 여러 분야에서 성공한 인사들을 접촉할 기회가 종종 있다. 그들을 보면서 발견한 사실이 한 가지 있는데, 바로 한 사람의 성공을 결정짓는 요인은 높은 학력도, 남들보다 좋은 운을 타고난 것도 아니라는 것이다. 성공을 거머쥐기 위한 가장 중요한 요소는 바로 '인내심'이다. **어떤 일을 하더라도 성공이란 열매가 무르익을 만큼 충분한 인내심을 갖고 버틸 수 있는지가 성공의 여부를 결정한다.**

나는 어느 모 대기업의 부사장 자리에 부임하게 된 전문 경영인을 한 명 알게 되었다. 당시 이 회사의 경영 상황은 좋지 않았고, 기업 관리 시스템 측면에서도 엉망인 상황이었다. 그는 그곳에 온 뒤 몇 달 내리 각종 제도를 정비하고 보완하는 데 자신의 모든 역량을 쏟아부었다. 한 번은 이런 회사 상황에 관해 이야기하면서 이제는 일하는 게 너무 힘들어서 회사를 그만두고 싶다고도 말했다. 진지하게 이 문제에 관해 이야기를 나누던 중 나는 그가 관리자로서 현재 해결해야 할 문제들을 대함에 있어 인내심이 부족하다는 것을 발견했다. 그는 항상 산적해 있는 모든 문제를 단숨에 해결 짓기를 원했고, 나는 바로 이 점이 이상적인 방안은 아니라고 생각했다.

무슨 일을 하든 한걸음에 목적지까지 도달하기란 극히 드문 일이다. 시시때때로 다가오는 난관을 한 걸음 한 걸음씩 깨치고 나가야 성공이라는 목적지에 도달할 수 있다. 성공한 사람들이 하나의 일에 얼마나 많은 시간을 오랫동안 지속해서 할애하였는가를 계산해 보면 이는 성공에 관한 중요한 지표가 된다. 이 지표를 보면 투자하는 시간이 적고 기간이 짧을수록 마음이 조급해져 무모하고 불안정해지지만, 시간과 노력을 투자하는 시간이 길면 길수록 여유롭고 안정적임을 알 수 있다.

아마존의 CEO 제프 베이조스Jeff Preston Bezos는 1997년 기업 IPO 이후 주주들에게 서한을 보내는 것으로 유명하다. 그 중 첫 번째 주주 서한에는 그의 경영철학이 담긴 유명한 구절이 담겨 있다.

> "모든 것은 장기적인 관점에서 진행할 겁니다
> It's All About the Long Term."

자신에 대한 믿음이 강할수록 현재를 버텨낼 강한 인내심이 수반되어야 한다.

이와 관련해 『맹자·고자·하편』에 수록된 일화가 있다.

맹자의 제자 진자는 자신의 스승에게 물었다.

"옛날의 군자는 어떻게 벼슬을 했습니까?"

맹자는 자신이 벼슬을 얻는 걸 별로 내켜 하지 않았지만, 이와 관련된 식견은 꽤 있었다. 그는 벼슬길에 나아갈 수 있는 세 가지 경우와 물러나야 할 세 가지 경우가 있다고 하였다.

첫 번째 경우는 군주가 예의를 갖추어 당신을 대하고, 당신이 조언하는 바를 받아들여 정치를 펼치겠다고 하면 벼슬길에 나아갈 수 있다. 하지만, 예의를 지키고 정중하게 대하는 모습은 여전하나 당신의 뜻을 말하여도 이를 행하지 않는다면 벼슬에서 물러나야 한다고 하였다.

두 번째는 비록 벼슬자리에 올라 맡은 일에 관한 당신의 의견을 군주가 받아들이지 않는다고 해도 항상 예의를 갖춰 당신을 대하는 경우다. 이때도 계속 벼슬자리를 유지해도 된다. 앞으로 당신의 의견을 받아들일 기회는 충분히 있기 때문이다. 하지만 군주가 예의를 져버리는 태도를 보인다면 이는 즉시 떠나야 할 때를 말한다.

세 번째 상황은 아침에 저녁의 일을 장담할 수 없고 끼니조차 제때 잇지 못하는 상황이다. 군주가 이를 보고, "아이고, 나는 그의 도를 실천할 수도 없고, 또 그의 말을 따를 수도 없지만, 나의 땅에서 그가 굶주리는 것은 부끄러운 일이다!"라며 벼슬자리를 내어준다면 그 벼슬은 받아도 되지만 이는 죽음을 면하는 수준에 그칠 것이다.

맹자가 말하는 군자가 벼슬을 하는 데에는 세 가지 경지가 있다.

이 중 가장 낮은 경지는 '살아남기만 하면 되는 단계'다. 이는 아브라함 매슬로Abraham H. Maslow가 주장하는 생존에 필요한 인간의 욕구 5단계에서 가장 낮은 수준에 해당한다. 생존의 문제가 충족된다면 그다음 단계로 넘어가야 한다. 매슬로의 욕구 단계에서는 4단계에 해당하는 '존중의 욕구'를 충족하는 경지다. 여기서 한 단계 더 올라간 가장 높은 세 번째 경지는 군주가 자신에게 예의를 갖추는 존중의 욕구가 충족되는 것을 넘어서서 자신의 견해가 군주에게 채택되고 포부가 실현되는 단계다. 이는 매슬로 이론의 최고 단계인 '자아실현의 욕구'가 충족되는 차원이 되는 셈이다.

그러나 우리는 여기서 마지막 단계에 해당하는 경지에서는 군주에 대한 요구 기준이 매우 높음과 동시에 관직에 대한 개인적인 요구 기준도 매우 높다는 것을 알 수 있다.

여기서 한 가지 오해하기 쉬운 게 있다. 사람들 대부분이 한 가지 일을 성사하려면 주변 사람들의 지지가 반드시 수반되어야 한다고 생각한다는 점이다. 그래서 만약 주변 사람들이 지지하지 않거나, 당신의 제안대로 어떤 전략을 실행하지 않으면 화가 나서 일을 그만두어 버리는 경우가 많다. 그러나 이는 성숙한 사람이 가져야 할 생각과 태도가 아니다.

내가 이렇게 말하는 이유는 한 국가가 어떤 정책을 추진하거나 한 사람이 한 가지 일을 성공적으로 수행하려는 것은 단순히 하나의 문제에 대한 게 아니라 다른 많은 객관적인 요소와 관련된 복잡한 문제이기 때문이다.

예를 들어, 회사에서 하나의 전략을 구현하려면 먼저 회사의 현재 발전 상황, 두 번째로는 회사 직원의 실제 상황에 부합해야 하며, 현재와 미래의 시장 상황 및 사회적 환경과 같은 객관적인 요인도 고려되어야 한다. 어떤 전략이 좋다고 해서 무조건 낙관적인 것도 아니며 다른 회사에서 좋은 효과를 보였다고 자기 회사에 꼭 들어맞는 것도 아니다. 그러므로 당신이 해야 할 일은 자신의 윗사람과 부하 직원 모두를 설득하고 합심하여 이 문제를 해결하고, 이 해결을 위한 전략을 천천히 실행하면서 회사의 발전을 도모해야 한다. 만약 주변 사람들이 동의하지 않고 지지하지 않는다고 해서 바로 떠나버리면, 당신이 아무리 뛰어난 재능을 가지고 있다고 해도 그것을 발휘할 수 없을 것이다.

그래서 나는 『맹자』라는 책을 몇 번 읽은 후 맹자의 견해에 큰 문제가 있다는 것을 발견했다. 바로 그가 제후국의 왕들을 본질적으로 신뢰하지 않았다는 점이다. 일단 이 군주들에게서 불만족스러운 점이 보이면, 그는 바로 그곳을 떠나 다른 나라의 왕에게 가서 자신의 이론을 계속 펼쳐나갔다. 하지만 증국번曾国藩[17]이 천하를 뒤흔든 상군湘軍18을 창설할 수 있었던 것처럼 실제로 대업을 이루기 위해서는 충분한 인내심이 있어야 한다. 증국번의 가장 큰 장점은 인내심이 강하다는 점이었다. 무수한 방해를 받아도, 복잡한 일들이 끊임없이 반복되어도, 그 어려움을 하나씩 극복해 나가는 사람만이 '성취'의 열매를 맛볼 수 있다.

---

17 **증국번(曾国藩, 1811-1872)** : 중국 청나라 후난(湖南) 출신의 정치가·문학가로 '태평천국의 난'을 진압한 장군이다. 후에 유럽의 군사 기술과 무기 도입으로 군사력 강화를 제창하였으며, 서양 기술을 도입한 최초의 무기 공장을 설립하는 등 양무운동 초기의 추진자다.

18 **상군(湘軍)** : '태평천국의 난' 당시 증국번이 후난성의 의용병을 모집하여 훈련한 군대다.

외골수들이 배워야 할
임기응변의 지혜

천하의 사람들이 도탄에 빠지면 도道로써 구원하고,

天下溺, 援之以道,

형수가 물에 빠졌다면 손으로써 구원해 주는 것인데,

嫂溺, 援之以手,

그대는 손으로써 천하를 구원하고자 하는가?

子欲手援天下乎?

『맹자孟子 · 이루離婁 · 상上편』

오늘날까지도 많은 사람이 즐겨 읽는 『삼국지연의三國志演義』[19]를 당신도 읽어 보았다면, 당신은 조조曹操를 어떤 사람으로 평가하는가?

중국 역사나 『삼국지』 안에서도 조조는 '치세治世(의) 역적' 또는 '난세의 영웅'이라 불릴 정도로 양극화된 평가를 받고 있다. 『정사 삼국지』의 저자 진수陳壽[20]는 그를 상앙商鞅[21]·한신韓信[22]·백기白起[23]와 견주어 비교했고, 『자치통감資治通鑑』[24]에서는 조조를 도道, 의로움義, 다스림治, 헤아림度, 계책謀, 덕德, 인仁, 밝음明, 문文, 무武가 뛰

---

19 『삼국지연의(三國志演義)』: 14세기 학자였던 나관중이 쓴 장편 역사소설. 한나라 말기부터 약 100년간(184-280) 위·촉·오 세 나라의 역사와 전설이 뒤섞여 있다. 중국의 전통 지혜, 동화적 환상, 역사적 디테일, 병법(兵法)에 대한 통찰 덕분에 "삼국지를 읽지 않고는 인생을 논하지 말라"는 평가를 받는 중국 4대 기서(수호지, 삼국지, 서유기, 금병매) 중 하나다.

20 진수(陳壽, 233~297년): 중국 삼국시대 촉한과 서진에서 활동한 역사가로 역사서 『정사 삼국지』의 저자. 후대에 나온 나관중의 소설 『삼국지연의』와 구분하기 위해서 진수가 쓴 역사서 『삼국지』는 『정사 삼국지』라고 부른다.

21 상앙(商鞅): 중국 위(衛)나라 출신으로 진(秦)나라의 정치가다. 부국강병책(富國強兵策)을 단행하여 전국(全國)을 통일하는 기틀을 마련한 인물이다.

22 한신(韓信): 중국 한(漢)나라 대장군이다. 원래 초나라의 항량·항우를 섬겼으나 중용되지 못했고, 한왕 유방에게 발탁되어 대장군이 되었다.

23 백기(白起): 중국 진(秦)나라의 장군으로 전국 시대 최고의 명장으로 꼽힌다. 한신 등과 더불어 중국사를 대표하는 명장이나 수없이 많은 적과 포로를 죽여 학살자로도 불린다.

24 『자치통감(資治通鑑)』: 11세기 중국 북송 시대의 정치가 사마광이 편찬한 편년체 역사서다. '자치통감'의 뜻은 '다스림(治)에 도움(資)이 되고, 역대를 통하여(通) 거울(鑑)이 되는 책'이란 뜻으로 송 신종이 하사한 이름이다.

어난 '십승十勝의 사람'이라고 평가했다.

나는 개인적으로 『삼국지연의』에서 비교적 객관적으로 조조를 평가했다고 생각한다. 조조가 가진 주요 특징인 권모술수에 능하다는 것과, 그가 임기응변의 달인임을 정확히 언급했기 때문이다. 특히 정세의 흐름을 읽고 변화에 적응하는 것은 현대 사회에서도 일과 성공에 있어 꼭 필요한 자질이기도 하다.

『삼국지연의』에는 이와 관련된 유명한 일화가 있다.

관도官渡 대전에서 원소袁紹가 조조에게 패배하여 원소의 수만 병사가 조조의 포로로 잡혔다. 전쟁터를 정리하던 중 조조는 기밀문서를 하나 입수했는데 이는 자신의 진영 사람이 원소와 몰래 결탁한 서신이었다. 이에 어떤 이들은 조조에게 이 내통자들을 모두 찾아내어 하나씩 제거해 나가자고 건의했다. 조조는 고심 끝에 입을 열었다.

"당시 원소의 세력은 나보다 강했기 때문에 나조차 나 자신을 지킬 수 없었는데, 하물며 다른 사람들은 어땠을 것으로 생각하는가?"

말을 마친 그는 편지들을 모두 불태워 버리고 적과 내통한 자들을 더 이상 추궁하지 않았다.

조조는 자신에게 불충한 사람들을 정말로 없애고 싶지 않았을까?

아마 처치하고 싶었을 것이다. 하지만 당시 상황은 큰 전쟁을 막 치른 뒤라 내부에서도 힘을 합쳐 전열을 가다듬어야 할 때였다. 이때 조조가 적과 내통한 자를 발본색원하겠다고 들쑤셨다면 군대 내부는 크게 동요해 최악의 경우 대규모 탈주로 이어졌을지도 모른다. 조조는 분명 그것을 짐작했을 것이고, 이해득실을 따져 '관용'이라는 선택지를 통해 안정을 도모했을 것이다.

조조의 계략은 대업을 완성한 자의 시기적절한 타협, 즉 '변화에 대응하는 삶의 지혜'를 보여준다. 어떤 사람들의 눈에는 타협이 연약하고 확고하지 못한 자기변명처럼 보이겠지만, 이는 사실 매우 실용적인 지혜다. 그 타협은 원칙을 포기하는 것이 아니라 목표를 더 쉽게 성취하기 위해 잠시 후퇴하는 것이기 때문이다. 목표의 방향이 명확한데 그곳으로 향하는 길이 막혀있다면, 그때는 적당히 타협하여 모퉁이를 돌아 지나가는 방법을 선택해야 한다. 분명히 이는 같은 자리를 맴도는 제자리걸음보다 훨씬 나은 해결책이다.

『맹자』에 재미있는 대목이 있다. 이는 제齊나라 직하稷下 출신의 익살과 다변으로 유명했던 순우곤淳于髡이라는 변사와의 일화다.

어느 날 순우곤이 맹자에게 물었다.

"남자와 여자 사이에는 직접 손이 맞닿지 않는 것이 예법에 맞는 것이지요?"

맹자는 긍정적으로 대답했다.

"그것이 예의입니다."

"그럼 형수가 강물에 빠져 익사할 것 같은 급박한 상황이라면 손을 뻗어 그녀를 끌어올리는 것이 맞을까요? 그냥 두어야 할까요?"

이 질문은 꼭 모순을 지적하기 위한 질문처럼 들린다. 남녀가 유별하여 예법을 지키려면 형수의 손을 직접 만져서는 안 된다. 그러나 손을 뻗어 끌어올리지 않으면 형수는 익사할지도 모른다. 이럴 때는 어떻게 해야 할까? 맹자는 이 질문에 융통성 있는 대답을 했다.

"형수가 물에 빠졌는데 손으로 끌어당겨 구해 주지 않는다면 그것은 짐승과 다를 바 없겠지요. 남녀가 가까이 지내지 않는 것은 예절일 뿐이고, 형수가 물에 빠졌다면 손을 내밀어 구해야 상황에 알맞은 행동이오. 목숨이 위태로운 사람을 대할 때는 반드시 사람을 살리는 것이 먼저입니다. 예의범절은 제쳐두고 때와 장소에 맞게 적절히 대처해야 합니다."

그러자 순우곤이 다시 물었다.

"그런데 오늘날 천하가 도탄에 빠졌음에도 선생님께서는 어떤 이유로 세상을 구원하지 않으십니까?"

이는 순우곤이 맹자가 대단한 유학자임에도 벼슬도 마다하며 천하를 구하기 위해 손을 내밀지 않음이 말이 되지 않는다고 생각한 것이다. 그래서 맹자를 함정에 빠뜨리기 위해 이런 질문을 했다. 그러나 맹자처럼 총명한 사람은 당연히 순우곤이 파 놓은 함정에 빠지지 않았다.

> "천하가 도탄에 빠지면 도道로써 구해내야 하고, 형수가 물에
>
> 빠지면 손으로 끌어당겨 구해야 하는 법입니다. 그대는 내가
>
> 손으로 천하를 구하기를 바라는 것입니까?"

맹자는 순우곤에게 할 말을 잃게 했을 뿐만 아니라 융통성 있는 처세의 지혜를 보여주며 되받아쳤다. 천하의 혼란을 종식하는 것이 아무리 시급한 문제일지라도 원칙이나 원리를 포기하지 않는 맹자의 신념을 밝힌 것이다.

세상을 살다 보면 해야 할 일도, 하지 말아야 할 일도 있기 마련이다. 맞닥뜨리는 문제도 모두 각양각색이므로 각기 다른 문제에 따라 대처 전략도 그때그때 다르게 적용해야 한다. 이것이 바로 임기응변의 지혜다.

임기응변 지혜의 핵심은 환경과 조건의 변화에 따라 가장 적절한 선택과 준비를 해야 한다는 것이다. 즉, 불변의 진리를 주장하거나 외골수처럼 고집해서는 안 되며, 융통성 있게 대처하고, 외부 변화

에 따라 문제의 해결법을 찾을 수 있도록 지속해서 조정하며 적용하여야 한다. 그렇지 않으면 더 이상 앞으로 나아가지 못하는 교착 상태에 빠질 수 있다.

미국 코넬 대학의 어느 교수는 적응력과 관련한 한 가지 실험을 했다. 그는 평평한 유리병에 벌과 파리를 함께 넣은 다음, 병 바닥은 밝은 곳을 향하도록, 병 입구는 어두운 곳을 향하게끔 했다. 그 결과 안에 있는 벌들은 모두 필사적으로 밝은 곳을 향해 날아가며 여러 번 유리병 바닥에 부딪혔지만, 방향을 바꾸지도 못해 결국 모두 지쳐 죽었다. 반면에 사방으로 날아다니는 파리들은 놀랍게도 모두 병 입구를 찾아내어 바깥으로 날아갔다.

이 실험은 불확실성으로 가득 찬 환경에 놓여 있을 때는 정해진 방향으로만 돌파구를 찾는 것이 가장 무모한 노력임을 시사한다.

인생도 마찬가지다. 우리가 직면한 외부 환경은 변화무쌍할 뿐만 아니라, 한 치 앞도 예측이 안 될 정도로 불확실성으로 가득 차 있다. 우리의 인생을 경영하는 것 또한 군대를 이끌고 싸우는 것처럼, 객관적인 환경과 마주함과 동시에 자신만의 주관적인 조건도 고려해야 한다.

사회 환경, 트렌드 변화 등 외부 객관적인 환경을 바꿀 수 없다면, 주관적으로 변화하고 외부 변화에 따라 끊임없이 자신의 전략

을 조정하며, 임기응변적으로 새로운 발전 기회를 찾아야 한다. 변화에 대응하는 삶의 지혜를 깨달은 사람은 자신의 삶을 영위하는 본질을 파악할 수 있다.

겸손은 덕을 부르고,
자만은 손해를 부른다

분성괄盆成括이 제齊나라에서 벼슬을 하고 있을 때 맹자가 말하길,

盆成括仕于齐, 孟子曰,

"분성괄이 죽겠구나!"

"死矣, 盆成括!"

분성괄이 죽임을 당하자, 문인이 물었다.

盆成括见杀, 门人问曰.

"선생님께서는 그가 죽을 줄을 어찌 아셨습니까?"

"夫子何以知其将见杀?"

"그의 사람됨을 보면 약간의 재주만 있고 군자의 대도大道를 알지 못하니,

자기 몸을 죽이기에 충분하니라."

曰: "其为人也小有才, 未闻君子之大道也, 则足以杀其躯而已矣."

『맹자孟子 · 진심尽心 · 하下편』

잘난 척하고 건방진 태도는 누구도 가져선 안 될 위험한 마음가짐과 자세다. 그 어떤 사람도 모든 상황에서 옳은 선택과 정확한 의사결정을 할 수 있다고 자부할 수 없다. 특히 어떤 중요한 일에서 잘못된 선택을 해 이를 행동에까지 옮기게 되면 삶은 순식간에 나락으로 떨어져 헤어 나올 수 없는 부정적인 영향 아래 놓일 것이다. 따라서 우리는 이전에 아무리 훌륭한 성과를 냈더라도 항상 깨어 있는 맑은 정신 상태로 겸손한 품성을 유지해야 한다. **더 나아가 다른 사람의 의견을 합리적이고 객관적인 분석으로 받아들일 수 있는 자세 또한 갖추어야 한다.**

만약 당신이 『삼국지연의』를 읽어보았다면 '제갈량諸葛亮이 눈물을 흘리며 마속을 참수한다'라는 '읍참마속泣斬馬謖' 대목이 인상 깊게 남아있을 것이다.

마속馬謖은 촉蜀나라 형주의 명사, 마량의 동생이다. 그는 어려서부터 총명하기로 널리 이름을 알렸으며, 후에 형과 함께 유비劉備를 따라다니며 군사 전략을 수립하는 데에 유능했다.

남만으로 출정하는 제갈량에게 "공성위하, 공심위상攻城爲下, 攻心爲上(적의 마음을 치는 것이 상책이고, 성을 공격하는 것은 하책이며, 마음으로 싸우는 심리전이 상책이고, 군사로 싸우는 전투는 하책이다)."이라고 한 그의 말을 통해서도 그의 비범함을 엿볼 수 있다.

이에 제갈량은 마속을 매우 신임했으며, 그가 가진 재능과 학식을 높이 샀다. 제1차 북벌 때 제갈량은 군사 요충지인 가정街亭(감숙성 장랑 동남쪽 지명)을 방어하는 임무를 마속에게 맡기며 자신의 배치대로 가정을 지키라고 당부했다. 그러나 마속은 엄격한 훈련을 받은 촉나라군의 군사력이 우수하다고 판단해 제갈량의 분부를 사사로이 어기고 가까운 곳의 수원지水源池를 포기한 뒤 남산에 군대를 주둔시켰다. 남산의 지리적 이점을 믿고 위군을 물리치려는 속셈이었다. 마속의 부장 왕평王平은 상황을 보고 마속에게 제갈량의 지시에 따라야 하며, 함부로 전략을 바꾸지 말아야 한다고 충고했지만, 마속은 자신이 군 통수권자라고 생각해 수하의 몇 차례 제의를 거절했다. 결국, 위魏나라의 명장 장허張郃는 촉나라 군대의 취수로를 쉽게 차단할 수 있었고, 마속에게 대승을 거두며 가정을 점령하였다. 결국 제갈량이 가장 철저히 준비했던 제1차 북벌은 실패로 돌아갔고, 제갈량은 눈물을 흘리며 마속을 참수하였다. 마속이 비참한 최후를 맞은 이유는 재능이 없어서가 아닌, 자신의 재능만 믿고

안하무인의 태도로 일관했기 때문이다.

중국 속담에 '겸손은 덕을 보고, 자만은 손해를 본다'라는 말이 있다. 이 말은 선생님들이 일시적인 성과에 학생들이 우쭐대는 것을 방지하기 위해 자주 인용하는 속담이다. 학창 시절에는 잘 나온 한 번의 시험 성적으로 교만하고 자만하는 마음이 생기기 쉽다. 이런 마음으로는 다음 시험 성적이 떨어질 가능성이 크다. 그렇다고 해서 크게 마음 쓸 것은 없다. 운명을 결정짓는 시험이 아닌 이상, 그 이치를 천천히 체득할 기회는 많다. 하지만 우리가 교문을 떠나 사회에 나가는 순간, 모든 것이 달라진다. 학교 밖 세상에서 '손해'라는 단어는 도저히 감당할 수 없는 대가를 치르게 할 가능성이 커지기 때문이다.

『맹자·진심·하편』에 수록된 분성괄盆成括의 일화가 있다.

맹자의 문하에 분성괄盆成括이라는 매우 총명한 학생이 있었다. 맹자는 분성괄이 겸손하고 학문을 좋아한다면 장차 뛰어난 성과를 거둘 수 있을 것이라 기대했다. 그러나 분성괄은 학문을 연구하는 데 따르는 고독함과 수고로움을 견디지 못했다. 게다가 자신의 총명한 두뇌만으로도 천지를 개벽할 만한 이론을 제시할 수 있다고 생각하여 공부의 필요성을 느끼지 못했다. 그래서 맹자의 문하를 떠나 스스로 세상 밖으로 나왔고, 제齊나라에 가서 벼슬자리를 하나 얻었다. 어쨌든 제자가 중용重用되었으니, 이 소식을 들은 맹자가 스승으로서 기뻐할 것이라고 예상했다. 하지만 그는 기뻐하기는커녕 도리어 예기치 못한 말을 했다.

"죽을 것이로다, 분성괄이여!"

과연 얼마 지나지 않아 분성괄의 처형 소식이 전해졌다.

문인들은 모두 의아해하며 맹자에게 물었다.

"분성괄이 장차 죽임을 당할 것을 어떻게 아셨습니까?" 맹자는 담담한 어조로 이렇게 대답했다.

> "그의 사람 됨됨이가 약간의 재주만 있을 뿐, 군자의 대도大道를 깨닫지 못하였으니 그 몸을 죽이기에 충분할 따름이니라."

이는 분성괄은 정말 총명하고 재능도 있지만, 군자가 마땅히 갖추어야 할 도리에 대해 배우지 못하였으니, 그 상태로 벼슬을 하게 되면 반드시 죽을 수밖에 없는 재앙을 맞을 것이라는 뜻이다.

맹자가 이 일의 원인을 예측할 수 있었던 것은 분성괄의 내공이 부족함을 이미 알고 있었기 때문이었다. 이를 통해 우리는 내공을 쌓는 것이 한 사람에게 있어서 얼마나 중요한지 알 수 있다.

주위를 둘러보면 자만하는 사람들을 어렵지 않게 찾아볼 수 있다. 그들은 분성괄처럼 자기 능력이 출중하다고 여기거나, 회사에서 높은 지위를 가지고 있다는 이유로, 혹은 좋은 집안과 권력을 가진 부모를 등에 업었다는 이유 등으로 점차 교만해지고, 제 생각만 옳다는 아집에 빠져 다른 사람의 의견을 무시한다.

　내가 예전에 가르쳤던 학생 중에 이런 학생이 있었다. 그는 엘리트라고 할 수 있을 만큼 매우 뛰어난 업무 능력을 갖추었다. 하지만 그에게는 치명적인 단점이 있었는데 그것은 바로 타인의 의견을 경청하지 않는다는 것이었다. 그는 항상 자기가 남들보다 업무 능력이 더 뛰어나다고 생각했고, 문제를 해결함에 있어서도 다른 사람은 자기만큼 주도면밀하게 다방면으로 생각하지 못한다고 여겨 다른 사람의 의견을 잘 듣지 않았다. 훗날 그는 회사를 설립해 경영하면서도 필요한 모든 의사결정은 혼자 처리했다. 그 결과 얼마 지나지 않아 그 회사는 엉망진창이 되었다. 나중에 그는 이 경험을 이야기하면서 자신의 실패 원인은 모두 자신에게 있다며 반성하였다. 그는 회사에서 실수할 확률이 가장 낮은 사람이 바로 자신일 것이라 여겼지만, 결국 모든 실수는 자기가 만든 것임을 깨달았다고 했다.

　역사상으로 이름을 남긴 훌륭한 사람들은 모두 일찍이 이 이치를 꿰뚫어 보았다. 예를 들면, 우리가 잘 알고 있는 한漢나라의 1대 황제 유방劉邦이 그렇다.

군사적 재능으로 말하자면, 유방은 항우項羽와 비교할 바 못 되지만, 그는 항우를 물리치고 역사상 두 번째로 중국을 통일해 천하의 주인이 되었다. 그가 천하를 얻을 수 있었던 결정적 이유는 바로 의사결정을 하기 전에 부하, 심지어는 민간인의 간언도 겸허하게 듣고 이를 실행했기 때문이다.

진秦나라를 패망시킨 전투가 있기 전 각 제후국에는 "누구든 먼저 진나라의 수도 함양에 입성하는 자에게 그 땅을 준다"라는 약속이 있었다. 가장 먼저 함양을 차지한 쪽은 유방이었으나 파촉巴蜀25 지방에 봉해지는 것에 그쳤다. 그는 화가 나서 즉시 군대를 이끌고 항우와 목숨을 건 전투를 하고 싶었다. 그러나 당시 항우가 이끄는 초楚나라는 한漢나라에 비하면 더없이 강력한 군사력을 갖춘 상태였다. 따라서 항우와 싸우는 것은 계란으로 바위를 치는 것이나 마찬가지였다. 이에 번쾌樊噲, 소하蕭何 등은 유방을 설득하였고, 그는 잠시 화를 가라앉힐 수 있었다. 소하는 또한 유방에게 파촉의 땅을 기반으로 하여 유능한 인재를 모집하고 힘을 모은 다음, 옹雍, 적翟, 새塞 세 곳을 공략하여 천하를 빼앗을 수 있는 기반을 마련한 후에 항우와 생사를 겨루도록 설득했다.

---

25 파촉(巴蜀) : '익주'라고도 하며 현재의 쓰촨성(사천성), 충칭(중경)시, 윈난성(운남성), 산시성 일부, 그리고 구이저우성(귀주) 일대를 가리킨다.

유방은 모두가 지금 당장 전쟁을 치르는 것을 반대하자 자신의 분노를 누그러뜨리고 소하 등의 제의를 받아들여 힘을 기르고 실력을 쌓아나갔다. 결국 유방은 해하垓下에서 항우를 대파해 초한楚漢 전쟁의 완승으로 서한西漢 정권을 세웠다.

지위가 높은 사람일수록 자신의 감정을 통제해 교만한 판단을 자제해야 한다. 그렇지 않으면 '우물 안 개구리'가 되어 우물 속에 앉아 하늘을 보는 것과 다름없다. 때로는 똑똑한 두뇌와 뛰어난 업무 능력, 저돌적인 추진력만이 필요한 것은 아니다. 여기에는 다른 사람의 의견을 겸허하게 듣고 받아들이는 능력이 반드시 수반되어야 한다. 그리고 반드시 잊지 말아야 할 한마디를 기억하자.

"우리는 산 정상만을 바라보기 때문에 한 걸음씩 산을 오른다. 그러나 정상에 이르러 하늘을 바라봤을 때야 비로소 자신의 보잘것없음을 알게 된다."

자기 밭의 잡초는 약초,
남의 밭의 잡초는 독초

군자는 자신의 몸과 마음을 수양할 뿐이지만,

이로써 천하가 화평해지느니라.

君子之守, 修其身而天下平.

『맹자孟子 · 진심盡心 · 하下편』

유교에서 말하는 이상적인 인생 궤도는 '수신修身, 제가齊家, 치국治國, 평천하平天下'이다. 이는 '자기 몸과 마음을 닦아 수양하고, 집안을 바로 다스리고 난 후에 나라를 다스려야 천하를 평정한다'는 뜻인데 여기서 첫 번째로 꼽는 건 바로 '수신修身'이다.

공자부터 맹자, 후세에 이르기까지 유학의 대가들은 모두 '사람을 바르게 하려면 먼저 자신을 바르게 하고, 사람을 논하려면 먼저 자기 자신을 논해야 한다'고 강조했다. 먼저 자신을 닦아 수양해야만 다른 사람에게 좋은 영향을 끼칠 수 있다는 말이다. 자신의 실력을 향상하고 문제를 직시하여 자기 잘못을 시정한 후에야만 다른 사람에게 좋은 모범이 된다.

'수신'은 우리 자신을 먼저 관리하는 것이다. 이것이 바로 사람됨의 근본이다. 만약 어떤 사람이 자신을 제대로 관리하지 못해 제 과오와 문제를 똑바로 볼 수 없다면, 이것은 자신의 성장과 성취를 저해할 뿐만 아니라 주변 사람들에게도 영향을 미치게 된다. 이를 이용해 주변 사람들의 습관에서부터 시작해서 사고방식이나 처리방식까지 점차 자신과 같아지도록 만들 수 있다.

만력 황제라 불리는 명나라 제13대 황제 신종(주익균朱翊鈞)에게는 '장거정張居正'이라는 매우 유능한 스승이 있었다. 만력 황제는 어려서부터 장거정으로부터 임금이 되고 사람이 되는 법에 대해 가르침을 받았기에 그가 만력 황제에게 미치는 영향력은 상당했다.

만력 10년, 장거정이 병사했다. 장거정은 살아생전에 단행한 개혁이 많았기 때문에 조정에는 그를 미워하는 사람들이 많았다. 장거정의 사후에 이들은 즉시 여러 가지 이유를 들어 황제에게 그의 집을 압수 수색해야 한다는 상소를 올렸다. 신하들의 말대로 장거정의 집을 수색하고 난 뒤 만력 황제는 크게 실망했다. 어릴 때부터 줄곧 자신을 근검 치국하고 성현의 도를 따르는 법을 가르쳐 온 스승이 자신의 집에서는 매우 사치스러운 생활을 하고 있다는 것을 발견했기 때문이다. 이 일은 만력 황제에게 큰 충격이 되었으며 크게 낙심한 그는 정사 돌보는 것에 소홀해지고 말았다. 집권 후반기에 이르러 만력 황제는 여러 가지 이유를 들어 더 이상 조정에 나오지 않았다. 이러한 소극적인 정치 관리 방식은 사회적 모순을 계속해서 심화시켰고, 이 시기를 틈타 북방의 누르하치는 세력을 키워 결국 명나라의 멸망에 복선이 되었다.

장거정처럼 고상한 품성을 가졌지만 그에 걸맞는 행실을 하지 못한다면 타의 모범이 되기 어렵다. 종종 다른 사람에게 해야 할 도리에 대해 논하지만, 정작 자신은 이를 전혀 따르지 않는다면 그 말에 설득력이 없어지는 것이다.

『맹자·진심·하편』에서 맹자는 이렇게 이른다.

"군자가 지켜가며 행하는 것은 자기 몸과 마음을 닦는 수신修身일진대, 이로써 천하가 평안해진다."

이것이 바로 군자가 지켜야 할 가장 중요한 신념과 태도다.

요즘에도 일 처리가 미흡하거나 어떤 일에 성공하지 못하는 경우를 살펴보면 종종 결국 자기 자신에게 문제가 있는 경우가 많다. 그래서 군자는 먼저 자기 자신을 똑바로 대면해야 한다. 다른 사람에게 무언가를 요구할 때는 자기 자신에게도 같은 기준을 들어 요구해야 한다. 이와 함께 다른 사람의 잘못을 너그럽게 받아들이는 관용을 베풀고, 자신의 부족한 점을 겸허히 받아들일 수 있는 열린 생각을 가져야 비로소 타인의 존중과 인정을 받을 수 있고, 일도 순조롭게 잘 해결할 수 있다.

이에 대해 맹자는 '보통 사람들의 병폐는 자신의 밭은 내버려 두고, 남의 밭에서 김매는 것이니, 남에게 요구하는 바는 중하고, 자신이 스스로 지는 책임은 가벼이 한다'라고 하였다. 이는 사람의 가장 큰 결점은 자기 집 밭의 잡초는 보이지 않아 내버려 두고 남의 집 밭의 잡초는 많아 보여 달려가 풀을 뽑고자 하는 형국으로, 남에게 요구하는 것은 많고 스스로에게 요구하는 바는 적음을 말한다.

내가 보기에 현재 많은 사람이 이런 정신 상태로 살고 있다. 자기 일은 잘하지도 못하면서 하루 종일 어떻게 다른 사람을 이용할지만 생각하거나, 중요한 일을 미뤄둔 채 다른 사람의 일에 어떻게 참견할지 관심을 두다가 결국 마지막에 가서 보면 가장 중요한 자신의 밭은 잡초투성이의 황무지가 되는 것이다. 그래서 맹자는 항상 자기 일은 제쳐두고 다른 사람의 일에 관심을 두는 것을 이상하게 여겼다.

본디 자기의 일에 책임을 다하는 것이 가장 중요한 법이다. 그런데 다른 사람의 일에 자신의 역량을 쏟아부으며 충분히 자신은 잘하고 있다고 느낀다면 이는 모두, 사실 자기 자신에 대한 요구치가 너무 낮기 때문인 것이다.

옛 성현의 말 중에 '남을 책망하는 마음으로 나를 책망하면 과오가 적고, 나를 용서하는 마음으로 남을 용서하면 모든 사람과 교류할 수 있다'라는 말이 있다. 이는 남과 사귈 때, 남을 꾸짖는 마음으로 자신을 꾸짖어야 한다는 뜻인데, 이렇게 하면 당신은 분명히 자력으로 자신의 과오를 바로잡을 수 있게 된다. 또한 **자신을 용서하는 마음으로 다른 사람을 용서한다면, 다른 사람의 장점을 많이 보고, 그들의 단점은 보지 않게 되어 오랫동안 관계를 유지할 수 있음을 말한다.** 그래서 맹자는 우리 자신에게 더 많은 관심과 노력을 기울이고, 남의 집 밭은 갈 생각을 하지 말 것을 강조한 것이다.

요堯와 순舜, 탕湯, 무武왕과 같은 사람들도 타고난 천성을 바탕으로 도(인과 의)를 행하며 매일 끊임없이 자신을 반성하고 아랫사람들에게 모범을 보였기에 훗날의 어진 정치를 실현할 수 있었다.

유교에서 제창하는 개인의 도덕적 수양과 입신의 4단계, 즉 수신修身, 제가齊家, 치국治國, 평천하平天下에서 '수신修身'은 '평천하平天下'를 이루는 가장 기초가 된다. 증국번의 말처럼 자신을 갈고닦는 수신修身의 진리는 시대를 막론하고 따라야 할 변하지 않는 성취의 진리다.

어둠의 알을 깨고
광활한 세상으로 나아가라

현자는 자기의 밝은 이치로써 남들의 이치를 밝게 해야 하는데,
賢者以其昭昭, 使人昭昭,

오늘날 소위 현자라는 사람들은 어리석은 이치로써
남들의 이치를 밝히려 하는구나.
今以其昏昏, 使人昭昭.

『맹자孟子 · 진심盡心 · 하下편』

옛말에 '비전문가는 전문가를 이끌 수 없다'는 말이 있다. 이 말은 어느 정도 일리 있는 말이긴 하나, 곰곰이 생각해 보면 현재의 무수히 많은 우수한 인력들의 성과가 반드시 좋은 것만도 아니고,

성과가 좋은 사람들만이 반드시 다른 사람을 이끌 수 있는 것도 아니다.

중요한 것은 그 사람이 어떠한 난관이라도 뚫고 헤쳐나가려는 패기를 가졌는지, 해당 분야를 깊이 있게 파고들어 연구하고자 하는 탐구심이 있는 자인지 하는 것이다.

세상은 끊임없이 발전해 가고 있으므로 스스로를 방어하며 앞으로 계속 나아가지 않으면 언젠가는 도태된다. 경험이 풍부한 교사라 하더라도 학생들에게 강의하기 전에 체계적인 수업 준비가 부족하거나 자신이 가르칠 내용을 확고히 탐구하지 않으면 학부모의 눈에는 교사의 활동이 남의 자식을 망치고 있는 것으로 비칠 것이고, 학생의 눈에는 교사의 위신이 떨어져 이미지를 실추하게 된다.

교사의 수준을 이야기하다 보니 예전 학교의 국어 선생님이 기억이 난다. 그는 학기 첫날 학생들을 만났을 때 매우 열정적으로 자신을 소개했다.

"나는 여러분의 국어 선생님입니다. 앞으로 나의 '입'을 통해 여러분은 새로운 국어의 세계를 느끼게 될 것입니다."

학생들은 그의 참신한 자기소개를 듣고 순식간에 호감을 느꼈고, 선생님을 통해 더 많은 것을 배울 수 있기를 기대했다. 그러나 시간이 지나면서 학생들은 선생님의 강의에 항상 오류가 있다는 것을 알게 되었고, 점차 선생님에 대한 존경심이 사라졌다. 그렇게 된 이유는 선생님은 항상 벼락치기로 수업 준비를 하고 예전 교안대로만 학생들을 가르쳤기 때문이다.

다른 선생님들 말을 빌리자면 그 선생님은 수업 전 준비도 하지 않을뿐더러, 수업 후 강의에서 무엇이 부족했는지 되돌아보지도 않으며, 심지어는 학생들이 궁금해하는 것에 대해 답변할 준비도 전혀 되어 있지 않아 늘 학생들 앞에서 부끄러운 모습을 보였다고 한다.

> "다른 사람에게 물 한 그릇을 주려면 자신은 먼저 물 한 통을 준비해야 한다."

이 말은 오늘날 교육자가 지녀야 할 자세를 형용하는 말로 많이 쓰인다. 교육자 자신이 먼저 교육받고 관련된 내용에 심오한 지식을 가지고 있어야 지식을 전수하고 다른 사람을 가르칠 수 있다. 그렇지 않으면 무엇으로 다른 사람의 모범이 되겠는가?

그런데 이런 현상은 우리 생활에서 아주 흔하게 볼 수 있다. 마케팅에 대해 잘 모르면서 다른 사람들에게 마케팅 방법과 관리에 대해 가르치는 수업을 버젓이 하는 사람들을 보곤 한다. 과학 연구에 대해 아무것도 모르는데 다른 사람들에게 과학 연구 방법을 가르치는 것이 합리적이라는 생각이 들지 않는 것처럼, 경영을 모르는 사람이 대기업을 경영하고, 정치를 모르는 사람이 한 나라의 정책을 입안한다면 이는 더 심각한 일이 아닐 수 없다.

그래서 맹자는 『맹자·진심·하편』을 통해 일찍이 우리에게 이렇게 일렀다.

> "현자는 자신이 깨달은 밝은 이치로써 남들을 깨닫도록 도와야 하는데, 오늘날 소위 현자라고 불리는 사람들은 자신조차 확신할 수 없는 어리석은 이치로써 남들의 이치를 밝히려 하는구나."

이는 덕망 높은 옛 현인들은 한 가지 일에 대해 먼저 자기가 깨달은 후에야 다른 사람이 이해하도록 가르쳤는데, 요즘 사람들은 자기 자신도 제대로 알지 못하는 것을 다른 사람에게 이해시키려 한다는 뜻이다. 자기 자신조차 어떤 문제에 대해 제대로 알지 못하는데, 다른 사람을 이해시키려 한다는 건 분명 어불성설이다.

맹자의 이 말은 사실 『대학』에서 말하는 '스스로 덕을 밝힌다는 자명명덕自明明德'을 뜻한다. 스스로 밝히는 수신修身이 있어야 제가齊家와 치국治國과 평천하平天下가 가능하다. 수신은 스스로를 밝히는 것이고, 제가와 치국과 평천하는 '다른 사람이 밝히도록 하는 것'이다. 자신을 수양하지 않고 자신을 발전시키기 위해 갈고닦는 노력을 하지 않으면서, 다른 사람에게만 나아질 것을 요구하는 것은,

'멍청한 이치로 남의 이치를 밝히려 한다'는 구절과 다를 바 없다.

역사상 이와 관련된 가장 대표적인 예가 요^堯와 순^舜, 걸^桀 그리고 주^紂왕의 이야기다. 요왕과 순왕은 솔선수범하여 스승과 어른을 공경하고, 어진 정치를 행하였기 때문에 천하 백성들의 지지를 절로 얻었다. 모두가 요왕과 순왕을 진심으로 존경했고, 후대 제왕들 또한 이들에게 배워 현명한 군주가 되었다.

반대로 걸왕과 주왕은 극악무도한 패악의 정치를 일삼으며 강제로 신하들에게 순종하고 공경할 것을 요구하였고, 결국 이를 참지 못한 백성들이 반란을 일으키게 되었다. 이들은 나라도 잃고, 자신들의 목숨도 잃는 비참한 말로를 맞게 되었는데 이것이 바로 '멍청한 이치로 남의 이치를 밝히려' 한 최후다. 만약 지금도 이런 태도로 일하고 생활한다면, 나락으로 떨어질 일만 남은 것과 진배없다.

이 세상에서 가장 최악은 직접 뛰어들지 않고 방관자로서 남을 비판하는 것이다. 이 일은 너무 쉽지만 가장 무책임한 행동이다. 물론 생활에서든 직장에서든 대부분은 여전히 자신이 모르는 것을 배우고 탐구할 것이다. **모든 사람은 일을 하거나 무언가를 배울 때 아무것도 보이지 않는 캄캄한 '어둠' 속에서 '밝은 양지'로 나아가기 위한 고통의 과정을 겪는다.** 이 고난을 통해 우리는 자신의 능력을 끊임없이 향상하고, 생활 또한 나날이 풍요로워지는 경험을 하게 된다. 이는 아주 바람직한 현상이다.

자신이 할 줄 모르고, 정확히 이해하지 못하는 지식 분야를 맞닥 뜨리게 된다면 부끄러워하지 말고 물어라. 『논어』에 나오는 공자孔子와 자공子貢의 대화처럼 말이다.

자공이 공자에게 물었다.

"공문자는 어떻게 문文이란 가장 좋은 시호[26]를 얻게 되었습니까?"

공자는 자공의 물음에 이렇게 대답했다.

> "그 사람은 본디 영민한데도 배움을 좋아하고, 학문에 열의
> 가 있어 아랫사람에게 묻기를 부끄러워하지 않았기에 문이
> 라는 시호를 받게 된 것이다."

공문자는 두뇌가 명석한 데다가 근면 성실하여 학문을 게을리하지 않아 자신보다 지위가 낮거나 어린 사람에게 가르침을 청하는 것

---

26 시호(諡號) : 한 사람이 죽은 뒤, 생전의 업적을 평가하여 붙여주는 이름. 훌륭한 사람에게는 문(文), 충(忠), 무(武)라는 시호를 붙이고, 평이 좋지 않은 사람에게는 려(厲), 유(幽)를 붙인다.

을 부끄럽게 여기지 않았기 때문에 시호를 '문文'이라 할 수 있었다.

이 일화는 우리가 무언가를 성취하기 위해서는 먼저 탐구심을 가지고 자신의 발전에 도움이 되는 지식과 경험을 지속해서 배우고 숙달해야 함을 상기시킨다. 무엇이든 꾸준히 하면 반드시 수확이 있다. 하지만 모르면서도 아는 척하고, 남을 가르치는 것을 즐긴다면 '우물 안 개구리로 전락'하기 십상이다. 우물 구석에 앉아 하늘의 작은 부분만을 보고 자신이 본 게 세상의 전부인 줄 아는 개구리처럼 말이다.

죽는 날까지
배워야 산다

요堯임금과 순舜임금께서는 타고난 본성本性대로 하셨고,

堯舜, 性之也,

탕왕湯王과 무왕武王께서는 몸으로 실천하셨다.

汤武, 身之也.

춘추오패五霸는 빌려와서 가장하였다.

五霸, 假之也.

오랫동안 빌리고 돌려주지 않았으니, 자신이 소유한 것이 아님을

어찌 깨닫겠는가?

久假而不归, 恶知其非有也.

『맹자孟子 · 진심 尽心 · 상上편』

사람의 걸출한 재능은 보통 선천적인 재능 발현과 후천적 재능 계발로 구분된다. 첫 번째 선천적 재능은 천부적으로 타고나는 것으로, 그걸 가진 사람은 어쩌면 큰일을 하기 위한 소명을 가지고 태어난 것처럼 보이기까지 한다. 그에게는 다른 사람은 절대 가질 수 없고, 흉내 낼 수도 없는 특수한 능력이 있기 때문이다. 두 번째 후천적으로 계발된 재능은 긴 시간이 투자되는 과정과 복잡한 경험의 축적이 필요하다. 다양한 환경적 조건에서 끊임없이 자신의 마음을 단련하고, 식견을 넓히고, 다양한 특성을 느끼면서 나아가 자신의 재능을 찾아내어 지속해서 발전시켜야 한다.

선천적 재능 발현과 후천적 재능 계발, 이 두 가지를 비교하기 위해 고대에서부터 현재까지의 다양한 일화들을 살펴보면, 재능은 후천적으로 계발되어야 한다는 것에 무게가 실린다.

예컨대 고대 마케도니아의 알렉산더 대왕은 아리스토텔레스를 비롯해 많은 성현의 가르침을 받고 나서야 탁월한 식견을 갖출 수 있었다.

전한의 개국 황제 유방은 타고난 능력이 뛰어난 편은 아니었지만, 다른 이의 조언을 겸허히 수용하여 유능한 인재들을 등용한 덕에 대업을 이룰 수 있었다. 진나라의 문공 또한 재앙을 피해 19년 동안 망명 생활을 겪으면서도 겸손한 태도를 유지하고 학문을 좋아하여 유능한 사람을 잘 사귀었기 때문에 패업을 이룩하였다.

역사의 위인들은 모두 후천적으로 배우고 경험한 학습을 통해 자신의 능력을 비약적으로 발전시켜 마침내 한 나라의 지도자가 된 것이다.

『맹자·진심·상편』에서는 이렇게 이른다.

> "요堯임금과 순舜임금이 도(인과 의)를 행한 것은 타고난 본성대로 행동했고, 상나라 창업주 탕왕湯王과 주나라의 무왕武王은 도를 추구하려는 노력으로 수신修身하여 행한 것이다. 춘추오패들은 스스로의 본성을 잃고 타인의 도를 빌린 것인데, 오래도록 타인에게 빌리기만 하고 스스로는 돌아가지 않았으니 그들 자신이 본성을 가지고 있지 않다는 것을 어찌 알겠는가?"

이는 요임금과 순임금이 인의를 행할 수 있었던 것은 그들이 선천적으로 타고난 성인聖人이었기 때문이고, 탕왕과 무왕은 타고난 성인은 아니었지만, 몸으로 행하고 수신을 덕으로 다스리면서 서서히 인의의 길을 형성하였는데, 춘추오패는 인의를 빙자하며 그들의 패업을 완성하였다는 뜻이다.

이것을 옳다고 보기는 어렵지만, 그들이 인의를 빙자하는 것으로 평생 인의를 행할 수 있다면, 어떻게 그들이 정말로 인의를 가지고 있지 않다고 말할 수 있겠는가?

맹자의 이 구절은 인의와 덕목을 후천적인 수행을 통해 얻을 수 있다는 견해도 시사한다. 후천적 노력을 통해 인과 덕을 얻을 수 있는 것처럼 개인의 능력도 마찬가지로 수련을 통해 향상될 수 있다.

대학을 막 졸업하고 중국중앙텔레비전에 입사했을 때 나는 소위 말하는 업무 능력이라는 게 전혀 없었다. 물론 나에게 부여된 업무의 성격도 나의 능력을 보여줄 수 있는 환경은 아니었다. 그저 평범한 조직의 구성원으로서 매일 반복되는 업무로, 해 봤자 간단하게 원고를 외우고 프로그램을 녹화하는 일을 할 뿐이었다. 지금의 내가 보유하고 있는 대부분의 능력은 모두 책을 읽는 과정에서 얻어진 능력이다.

다양한 분야의 도서를 읽을 때 나는 나 자신을 책 속에 대입하여 필요한 지식과 능력을 얻었다. 그렇게 습득한 지식과 간접 경험을 통해 얻은 능력은 훗날 기업과 직원을 관리하거나 '판덩독서'를 운영하는 데 있어 강력한 시너지 효과를 주었다.

그러나 일반적으로 능력은 그렇게 쉽게 향상되지 않는다. 많은 경우 분명 최선의 노력을 다해 안간힘을 썼음에도 불구하고 명확히 능력이 향상된 것 같지도 않다. 이것은 무슨 이유에서일까?

나는 '능력의 함정'이란 강의에서 많은 사람이 자기 능력을 향상하지 못하는 주된 이유는 '스스로 설정한 능력의 함정에 빠지기 때문'이라고 언급한 바 있다.

우리는 리더십, 협력, 사회성 등과 같은 특정 능력을 보유하고 있는 것과, 다른 사람을 잘 이끌지, 다른 사람과 협력하는 것을 좋아하는지 아닌지는 차원이 다름을 먼저 알아야 한다. 어떤 일에 능숙해져서 즐거움을 느끼고, 이에 더 나아가 더욱 깊이 연구하여 자신의 역량을 극대화하는 것은 분명 좋은 일이다. 그러나 이러한 습관은 타성에 젖게 해서 다른 분야의 지식을 잘 받아들이지 못하게 할 수도 있다. 바로 이렇게 능력의 함정에 빠지는 것이다.

요즘에는 하나만 잘해서 완성할 수 있는 일들은 거의 없다. 예를 들어 회사를 경영한다고 가정하면, 주요 업무뿐만 아니라 직원 관계를 처리하는 방법, 홍보 효율성을 높이는 방법, 다양한 유형 및 무형 자산을 관리하는 방법, 위기 상황에 적절하게 대처하는 방법 등을 모두 잘 알고 있어야 한다.

물론 모든 분야에 정통할 수는 없다. 그러나 반드시 알고는 있어야 한다. 회사를 운영하기 위해서는 모든 면을 이해해야 하기 때문이다. 회사의 현재 상황을 명확하고 종합적으로 이해해야 그에 따라 합리적인 결정을 내려 회사를 올바른 미래로 이끌 수 있다. 다양한 영역에서 자신의 능력을 종합적으로 향상되게끔 하기 위해서는 끊임없이 배우는 생활이 몸에 배어 있어야 한다. 다시 말해 **우리는 자신이 익숙하고 편안하다고 느끼는 공간에서 벗어나 끊임없이 새로운 지식을 습득하고 다양한 영역에서 인지의 경험을 풍부하게 쌓아야 한다.**

이중 효과적인 방법은 각 분야의 우수한 사람들을 모방하는 방법이 있다. 그들의 역할에 자신을 대입한 다음, 모방하는 과정에서 다양한 방법을 배우는 것이다.

예를 들어, 맹자는 춘추오패春秋五霸를 언급했는데, 그들이 하는 모든 일은 자신의 패업을 달성하기 위한 것으로, 인을 추구하는 모든 행동은 실제로도 패업을 도모하는 수단이었다. 그러나 그들은 그런 행동을 통해 서서히 인의 힘을 느끼게 되었고, 결국 평생 인의의 길을 걷게 되었다. 이는 스스로 깨닫진 못했어도, 행동으로 먼저 실천하는 것에서 시작해서 '앎과 행함'이 일치가 되는 '지행합일知行合一'이 달성된 것이다.

따라서 우리는 타인의 우수한 행동 방식을 지속해서 배워나가야 한다. 행동이 어느 정도 몸에 익으면 자연스럽게 자신의 사고와 능력을 더 높은 차원으로 끌어올릴 수 있게 된다. 이렇게 '지행합일'이 달성되면, 분명 우리는 자신이 원하는 분야에서 큰 그림을 그릴 수 있게 될 것이다.

孟子

주인유도 주사유술
做人有道 做事有术

3장

사람이 따라야 할 대도大道,

직업에 갖춰야 할 기교

인자한 마음으로
벼락처럼 통제하라

백성을 편안하게 하려고 부리면, 비록 수고로워도
백성이 이를 원망하지 않고,
以佚道使民, 雖勞不怨,

백성을 살게 하려다 죽이게 되면, 비록 죽을지라도
원망하지 않느니라.
以生道殺民, 雖死不怨殺者.

『맹자孟子 · 진심盡心 · 상上편』

책에서 읽은 짧은 일화가 하나 있다.

증국번이 정치에 몸담던 기간에 그는 자주 출병하여 전쟁을 치러야 했다. 어려서부터 유교의 가르침을 배웠던 그는 매번 전장에 나가서 적을 베고 전장에서 승리하고 돌아올 때마다 사람을 너무 많이 죽이고 다치게 했다는 깊은 자책감에 빠졌다.

이 사실을 안 그의 친구가 증국번에게 글귀를 하나 적어 보냈다.

"벼락같은 수단으로 부처의 마음을 표현하라."

증국번은 이를 보고 감동하여 그 말을 좌우명으로 삼았다.

이 글은 사실 우리가 사람과 일에 대해 무엇이 중요한지를 정확히 인식하여 주객을 분명히 해야 한다는 것을 표현한 것이다.

사람이라면 응당 자비를 베풀 줄 아는 보살 같은 마음을 가져야 하지만, 일을 하다 보면 벼락처럼 강하고 단호한 수단을 써야 할 때가 있는 법이다. 사람을 대하는 일에 능숙한 사람은 어떠한 강력한 수단을 써서 일을 단행하더라도 다른 사람의 이해와 지지를 얻을 수 있다.

이 점은 예나 지금이나 다를 바 없다. 예를 들어 고대에 국가 간 전쟁이 일어났을 때를 봐도 도저히 적국을 이길 수 없는 상황에 부닥치면 성을 지키는 수령은 성안의 백성들을 총동원하여 총칼과 몽둥이를 들고 외적을 막아냈다. 많은 백성이 희생되리란 것을 뻔히 알면서도 어쩔 도리가 없었다. 백성들 역시 전쟁의 위험을 알면서도, 심지어 목숨을 잃을 상황이 와도 주저하지 않고 달려들었다. 모두가 자신과 가족의 안전을 위하기 때문이다. 편안한 삶을 영위하기 위해서라면 전쟁 중에 다치고 희생되더라도 그들을 전쟁터로 내보낸 사람을 원망하지 않을 가치는 충분했다.

만약 독자 여러분 중에 왕양명에 관한 이야기를 읽은 적이 있다면 왕양명이 녕왕의 난[27]을 평정했을 때 수많은 사람을 죽였다는 것을 알고 있을 것이다. 하지만 어느 역사서에서도 왕양명을 '살인광'이나 '도살자'라고 표현하지는 않는다. 그의 살인 목적은 평화를 지켜 더 많은 백성을 보호하는 것이었기 때문이다. 비록 반란을 평정할 때 잔인하리만치 강력한 철혈鐵血 정책을 폈을지라도 백성들에게 남은 그의 인상은 인자한 양명학의 창시자다.

『맹자·진심·상편』에 이렇게 일렀다.

"백성을 편안하게 해주기 위해서 부리면, 비록 수고로울지라도 백성은 이를 원망하지 않고, 백성을 살리려다가 죽이게 되면, 비록 죽을지라도 원망하지 않는다."

---

27 **녕왕의 난**(1519년 7월 10일~8월 20일) : 명나라 정덕제 재위 기간에 일어났던 반란으로 홍무제의 17번째 아들의 5대손인 녕왕(주신호, 朱宸濠)이 일으켰다.

이는 백성을 편안하게 해주기 위해 노역을 부과하게 된다면 백성은 힘들어도 원망하지 않고 따를 것이며, 백성의 생명을 보전하기 위해 어쩔 수 없이 자신이 죽는 상황이 생기더라도 죽인 자를 원망하지 않는다는 뜻이다.

이 점은 현재에도 통용된다. 예를 들어 창업을 하면서 동업한 사람이 이 사업에는 적합하지 않다고 판단되면 아무리 그의 능력이 출중할지라도 전체의 발전을 위해 동업을 포기해야 하는 것이다. 바로 이것이 맹자가 언급한 대로 '살리기 위해 죽이는' 상황과 같다.

이때 함께 열심히 뛰었던 동업자를 내쳐야 하는 상황에서 그가 당신을 원망하지 않게 할 수 있을까?

나는 『복제 가능한 리더십』[28]에서 '사업을 시작할 때는 회사를 하나의 축구팀으로 생각해야 한다'고 언급한 바 있다. 회사를 하나의 집처럼 생각하고 동료에게 "우리는 모두 한 가족입니다."라고 말한다면, 구성원이 자신을 가족의 일원으로 느껴 해고될 때 받아들이기 어렵게 된다. 물론 고용주 역시 회사의 이익과 미래를 위해 '가족'을 포기하는 패륜을 저지르는 사람이 되는 것이다. 그래서 창업

---

28 『복제 가능한 리더십』: 2017년 12월 중국 중신출판사에서 출간한 판덩의 도서다.

을 준비할 때부터 함께 한 사람에게 '우리는 한 가족'이라고 말한다면, 그 순간부터 어떤 상황이 오더라도 상대를 포기하지 않겠다고 약속한 것과 진배없다. 그러나 이는 애초부터 불가능한 일이다.

반대로 우리가 회사를 하나의 축구팀으로 생각하고 팀의 목적을 생각해 보자. 축구팀의 목적은 바로 '이기는 것'이다. 다 같이 모인 것도 현재보다 더 나아지기 위함이고, 결국 팀을 잘 만들어 최종 승리를 거두기 위해서다. 팀의 구성원이 팀 전체가 노력하는 방향과 일치하지 않으면 팀 내부에서 쓸데없는 에너지가 소모된다. 보통 이러한 상황에서는 팀의 역량을 강화해서 더 빨리 발전시킬 방법을 모색해야 하지만, 지금은 내부 갈등을 어떻게 조정해야 하는지가 중요하다. 그렇게 하지 않으면 귀중한 개발 기회를 놓치기 십상이다.

이때는 모두의 공통 목표를 위해 '특단의 대책'이 필요하며, 이에 팀 구성원의 구조 조정은 피할 수 없다.

일본에서 '경영의 신'이라 불리는 교세라의 창업주 이나모리 가즈오稻盛和夫는 일본 항공JAL 회장으로 재임 중에 "소선小善은 대악大惡과 닮았으며, 대선大善은 비정非情과 닮아있다."라는 명언을 남겼다. 이는 작은 선의는 오히려 커다란 악덕에 가깝고, 큰 선량함은 비정해 보인다는 뜻이다. 이나모리 가즈오는 "자비와 양보만 아는 경영자는 제대로 된 경영을 할 수 없다. 그러나 엄한 태도만 가지고는 아무도 따라오지 않는다."라고도 하였다. 이는 '자비'와 '단호함', 이 둘을 하나로 통합해야만 진정한 경영자가 될 수 있다는 뜻이다.

인생을 경영하는 것도 마찬가지다. 만약 당신이 다른 사람의 눈에 항상 부처 같은 자비로운 사람처럼 보이고, 일을 하는 태도 또한 무르다면, 평소 주위 사람들의 지지를 얻기 위해 모든 사람의 부탁을 들어줄 가능성이 높다. 이럴 경우 당신이 도저히 부탁을 들어줄 수 없는 상황이 오면 그 사람들은 오히려 '평소에 그렇게 좋던 사람이 왜 갑자기 이렇게 됐지? 분명 예전에는 다 꾸며낸 가식이었을 거야.'라고 생각할 수 있다. 이렇게 되면 평소 아무리 가깝게 지냈던 사람이라도 앞으로는 좋은 인상을 남기기 어려워진다.

그러나 평소에 남을 도울 수 있다면 최선을 다해 돕지만, 도울 수 없을 때는 단호하게 거절하여 다른 방법을 모색하도록 한다면 얼핏 야속해 보일지 몰라도 이는 자신과 모두를 위한 '대선'을 행한 것이다.

고대의 맹자가 군주에게 가르친 나라를 다스리는 법이나, 오늘날의 이나모리 가즈오가 기업 관리자에게 가르친 직원들을 관리하는 법, 또는 자신의 삶을 경영하는 방법은 모두 하나의 원칙을 따른다. 바로 문제 해결 방법을 고려할 때는 자비로운 마음이 있어야 하고, 실제 문제를 해결함에 있어서는 단호한 수단이 있어야 한다는 것이다. 어려움이 닥치면 우물쭈물하지 말고 효과적인 전략을 채택하여 단호하게 해결해야 한다. 그러나 이에 대한 해결 방안을 모색할 때는 모든 이해 당사자의 요구를 최대한 배려해야 한다. 일시적인 고통을 피하려고 돌이킬 수 없는 후환을 남겨서는 안 될 일이다.

기술은 모방하되,
정신은 수양하라

힘으로 다른 사람을 복종시키는 것은 마음에서
우러나와 순종하는 게 아니라 힘이 부족하기 때문이며,
以力服人者, 非心服也, 力不贍也,

덕으로 다른 사람을 복종시키는 것은 마음속으로 기뻐하면서
성심을 다하여 순종하는 것이니라.
以德服人者, 中心悦而诚服也。

『맹자孟子 · 공손추公孙丑 · 상上편』

"그 사람이 쌓아온 덕이 없는데, 이런 일이 가당키나 할까?"
우리는 살면서 이런 말을 들어본 적이 있을 것이다. 어쩌면 심지

어 자신도 이런 말을 해보았을 수도 있다.

이 말은 어떤 일을 행함에 있어 그 사람의 덕행과 관계가 있다는 뜻일까? 이 문제를 명확히 할 수 있는 짧은 일화가 있다.

청나라 말기, 한 상인이 장사에 실패하여 막대한 손실을 보았다. 그는 자금의 유동성을 확보하기 위해 급전이 필요했다. 상당히 큰 액수의 자금이 필요했는데, 이는 현재 상황으로 봐도 큰 금액이라, 당시의 경제적 규모를 생각해 보면 청나라의 상계를 주름잡던 중국 최고의 재물의 신, 호설암胡雪岩의 부강전장阜康钱庄(부강 지역의 사설 금융 기관)만이 자금을 조달할 수 있을 정도였다. 그래서 이 상인은 호설암을 찾아갔다. 자신이 찾아온 이유를 설명한 뒤, 낮은 가격을 제시하며 호설암에게 자신의 사업을 인수해 난관을 극복해달라 청했다. 상인의 말을 들은 호설암은 즉시 수하를 보내 상인의 말이 사실인지 아닌지를 조사했다. 정확한 조사 결과를 보고받은 뒤 호설암은 두말없이 시세에 맞춰 상인의 사업을 인수했다.

상인은 매우 기쁘면서도 동시에 속으로는 의구심이 들었다.

'내가 제시한 가격에 인수하면 큰 이득을 얻을 수 있었을 텐데 왜 시세대로 인수한 것일까?'

상인의 의심을 간파한 호설암은 상인에게 말했다.

"걱정할 것 없습니다. 나는 단지 당신의 사업을 대신 관리하고자 할 뿐입니다. 당신이 이 고비를 넘기기만 하면 언제든지 당신의 물건을 되찾을 수 있을 겁니다."

호설암의 도움으로 상인은 빠르게 어려움을 극복했고, 결국 호설암의 훌륭한 사업 파트너가 되었다.

호설암의 일화를 통해 우리는 '사람이 일을 잘하려면 먼저 사람에게 잘해야 한다'는 것을 알 수 있다. **훌륭한 인품으로 덕을 쌓는 행동을 해야 다른 사람의 신뢰를 얻을 수 있고, 다른 사람이 당신을 신뢰해야 어려울 때 도움을 받을 수 있다.**

맹자는 그의 저서에서 나라를 다스리는 데 있어 덕의 중요성을 여러 번 언급했다.

『맹자·공손추·상편』에 이런 말이 실려 있다.

> "힘으로써 다른 사람을 복종시키는 사람에게는 마음으로 복종하는 것이 아니라 힘이 부족해서 복종할 따름이며, 덕행으로써 다른 사람을 복종시키는 사람에게는 마음속으로부터 우러나와 진심으로 기뻐하며 복종하느니라."

만약 당신이 무력으로 다른 사람을 굴복시키면 사람들은 당신을 진심으로 복종하지 않을 것이다. 단지 지금 그의 힘이 부족할 뿐이기 때문이다. 덕행으로 다른 사람을 감복시켜야 그는 기쁘게 따를 것이다. 이 관점은 현대 생활에서도 똑같이 적용된다.

품행이 단정하지 않고 올바르지 않은 사람은 주변 사람들에게 존경받기 어려울 뿐만 아니라, 장기적으로도 사람들과 신뢰 관계를 형성하기 어렵다.

반대로 품행이 고상하고 아량이 넓은 사람은 주위의 사랑과 신뢰를 받을 뿐만 아니라, 안에서부터 뿜어져 나오는 매력에 자석 같은 흡인력이 있어 인재들이 저절로 모여드는 효과를 만들기도 한다.

『삼국지연의』를 보면, 사람들은 흔히 유비는 눈물로 천하를 얻었다고 한다. 그러나 사실 유비의 천하는 그가 쌓아온 덕이 빛을 발해 얻었다고 봐야 한다. 유비는 출신이 미천하여 아무것도 없는 상태로 천하를 제패했고, 그때까지 그 넓은 마음은 언제나 한결같았다. 그는 관우关羽, 장비张飞와 도원결의를 맺고, 그 후 수십 년 동안 서로를 의지하며 천하를 호령했다.

조조가 형주를 공격했을 당시 열세였던 유비는 뒤로 물러설 수밖에 없었다. 후퇴하는 과정에서 몇만 명의 백성들이 기꺼이 제 가족을 이끌고 유비를 따랐다. 주위 사람들은 이렇게 후퇴하면 속도가 너무 느려 일을 그르친다며 유비에게 백성을 버리라고 권유했다. 그러자 유비는 이렇게 일렀다.

"무릇 큰일을 이루는 데는 반드시 사람을 우선으로 생각해
야 하네. 지금 이렇게 많은 사람이 나에게 스스로 와서 따르
고자 하는데 어떻게 내가 이들을 버릴 수 있겠는가!"

이 일로 유비는 더없이 많은 사람의 마음을 얻었고, 느린 퇴각 속
도 때문에 큰 위기를 맞았으나 그를 따르는 부하들의 힘으로 안전
히 퇴각에 성공했다.

〈방세옥方世玉〉이라는 영화에는 희대의 악역 뇌로호가 남긴 명대
사가 나온다.

"나는 덕으로 사람을 복종시킨다."

뇌로호의 이 대사는 관객들에게 깊은 인상을 남겼다. 하지만 덕
으로 사람을 복종시키는 것은 말로만 해서 되는 것이 아니다. 직접
실천해서 증명해야 한다. 입으로는 매일 '덕으로 사람을 복종시킨
다'라고 하면서 남을 존중할 줄 모르고, 타인의 의견과 관점을 무시
하면서 무슨 일이든 자기 마음대로 하려고 한다면 어떻게 타인의
신뢰를 얻을 수 있겠는가?

인도의 속담에 "소를 강가로 끌고 갈 수는 있지만, 소에게 물을
마시게 할 수는 없다."라는 말이 있다. 강경한 수단으로는 근본적인

문제를 해결할 수 없다. 사람들이 당신을 좋아하고, 믿고, 따르도록 만들고 싶다면 결국 '덕'을 행하여야 한다. 일흔두 명의 제자가 공자를 따랐던 것처럼 덕행에 감복하여 스스로 따르도록 해야 한다.

내가 강의 중 자주 언급하는 단어가 있는데, 이는 바로 '수행'이다. **수행은 단순한 행동이 아닌, '덕행을 쌓는 것'이다.** 수행 과정에서 우리는 끊임없이 자신을 돌아보고, 자신에게 채찍질하며 단련함으로써 스스로를 변화시켜 일정한 삶의 경지에 도달하게 된다.

앞서 『장인정신』이라는 책을 언급하면서 저자인 일본 목공업의 전설 아키야마 토시테루에 대해 자세히 기술했었다. 일본 궁내청, 영빈관, 국회의사당 등을 위한 맞춤 가구로 '아키야마 목공'이라는 브랜드를 만든 그가 자신의 기업을 경영할 때 가장 강조하는 신조는 바로 '선先 덕행, 후後 기술'과 '수양과 반성을 통해 자기己를 이루고, 남을 이루게 하라'는 대도大道다. 그는 '장인 육성을 위한 30가지 법칙'을 만들었지만, 사실 이 30가지 주의 사항은 '사람됨'이라는 세 글자만 설명하고 있다.

그래서 아키야마 토시테루가 제자를 양성하는 과정의 60%는 인성 교육으로 이루어져 있고, 나머지 40%만 기술을 가르친다. 바로 이 60%가 진정한 장인이 될 수 있느냐 없느냐를 결정하는 것이다. 그는 '덕'에 대해 이렇게 강조한다.

"진정한 마스터라 부를 수 있는 최고의 장인은 '덕'이 먼저 앞서 있습니다. 기술은 모방하기도 따라잡기도 쉽지만, 정신은 모방할 수 없습니다. 덕행과 정신이 있어야 아주 높은 경지로 올라갈 수 있습니다."

우리도 인생을 경영하는 데 있어 아키야마처럼 덕행을 인생의 신조로 삼아야 한다. "서쪽에서 동쪽에 이르기까지, 남쪽에서 북쪽에 이르기까지 복종하지 않는 이가 없었다."라고 『시경』에 언급된 것처럼 서쪽에서 동쪽으로, 남쪽에서 북쪽으로, 당신의 덕행에 탄복하지 않을 수 없는 정도의 경지에 오르면 당신의 대업 또한 완성될 것이다.

선량함에도
원칙과 한계가 있다

실천이 따르지 못하고 착하기만 한 것으로는,

정치를 하기에 부족하고,

徒善不足以爲政,

실행이 따르지 않는 형식만 갖춘 법도만으로는,

저절로 운영되어 나가지 못하느니라.

徒法不能以自行.

『맹자孟子·이루離婁·상上편』

얼마 전에 친구와 식사 자리를 함께 한 일이 있었다. 그 친구는
자기 회사의 부서장이 사직해서 사장이 자신에게 부서장직을 맡으

라고 하는데 이를 어떻게 생각하는지 나의 의견을 물었다. 그는 복잡한 심경으로 치열하게 고민하고 있었다. 도전해 보고 싶지만, 팀을 이끌어 본 경험이 전혀 없었기 때문이다. 그는 만약 자신이 잘 해내지 못하면 업무에 지장을 줄 뿐만 아니라, 동료, 상사와의 관계에도 악영향을 미칠 것 같아 두렵다고 했다. 그렇게 되면 동료의 미움을 살 뿐만 아니라 일까지 잃을 수 있기에 결국 득보단 실이 더 많아 보이는 제안 같다고 했다.

나는 이 친구의 고민을 충분히 이해할 수 있었다. 특히 관리직의 경험이 전혀 없는 '햇병아리'인 그가 이런 승진 기회를 만나면 설렘보다는 막막한 두려움이 앞서기 마련이다. 그리고 내가 아는 이 친구의 스타일은 업무 능력은 뛰어나도 사람이 너무 착해 거절을 잘하지 못하고, 조금은 수다스러워서 리더가 되기에는 시간이 좀 필요해 보였다.

"착한 것도 잘못이란 말인가? '빌런'이라 불리는 악당이라야 리더가 될 자격이 있단 말인가?"

이런 반문을 하는 사람도 있을 것이다. 당연히 착한 심성은 잘못이 아니다.

버트런드 아서 윌리엄 러셀Bertrand Arthur William Russell[29] 역시 선한 마음의 중요성을 강조한 바 있다.

"이 세상에서 가장 필요한 도덕적 자질은 바로 선한 본성이다."

착한 사람도 충분히 리더가, 더 나아가 좋은 리더가 될 수 있다. 하지만 전제조건이 따라붙는다. **바로 선량함에도 반드시 지켜야 할 원칙과 한계선이 있어야 한다는 것이다.** 다른 사람을 대할 때는 이 한계선과 원칙이 있어야 자신도 상처받지 않고, 상대방에게도 상처를 주지 않을 수 있다. 사람들과 어울리며 상냥하고 친절할 수는 있지만, 특정한 상황에 직면했다면 성모 마리아나 부처 같은 자비를 베풀어서는 안 된다. 이렇게 하면 일이 잘 마무리되기는커녕 악인을 도와 나쁜 짓을 하는 공범이 되거나 남에게 이용당할 수도 있다.

『맹자·이루·상편』에서는 이렇게 이른다.

"실천이 따르지 않고 한낱 선하기만 한 것으로는 정치를 잘하지 못하고, 실행이 따르지 않는 형식만 갖춘 한낱 법도만으로는 그것이 저절로 운영되어 나가지 못한다."

---

29 **버트런드 아서 윌리엄 러셀(1872~1970)** : 영국의 수학자, 철학자, 수리 논리학자, 역사가이자 사회 비평가이며 제3대 러셀 백작이다. 『수학 원리』를 저술하여 수리 논리학의 성립에 공헌하였으며, 1950년 노벨 문학상을 수상하였다.

문자 그대로 이해하자면 선한 생각만으로는 정치를 할 수 없으며, 마찬가지로 법령 역시 자발적으로 효력을 발휘하지는 못한다는 뜻이다. 이 말은 오늘날에도 모든 일을 할 때 선한 마음과 인자한 생각에만 의존해서는 안 된다는 것을 우리에게 알려준다. 상황에 맞는 정확한 처리 방법이 아니고서는 문제를 해결할 수 있는 조치를 실행할 수 없다. 또한 아무리 관련된 법령, 규정이 있다고 해도 문제에 딱 들어맞는 적합한 방법이 아니라면 일이 잘 해결된 것처럼 보일지라도 정작 실효성은 없다.

이런 상황을 쉽게 이해시켜 주는 예를 하나 들어보고자 한다.

내가 기업체 강의를 하고 있을 때 기업의 한 팀장이 나에게 물었다.

"판덩 선생님, 저는 부하 직원에게 엄청 친절하게 대해 주고, 우리 팀 전체 분위기도 전반적으로 매우 좋은 편인데 왜 실적이 안 좋은 것일까요?"

이 팀장은 아마도 아랫사람에게 잘 대해 주고, 팀 분위기를 잘 만들기만 하면 구성원들이 주도적으로 일해서 스스로 임무를 완수할 수 있다고 생각하는 것 같았다. 이러한 방식을 '실천이 따르지 않고 그저 착하기만 한 도선徒善'이라고 한다.

착하기만 해서는 회사 관리가 잘 되지 않는다. 회사를 잘 운영하기 위해서는 절차, 규정, 전략, 방법 등 많은 요소를 적절히 활용해야 하는데, 이것들을 효과적으로 적용하여 구사하지 못한다면 좋은 결과를 얻을 수 없다.

또한 이런 예도 있다. 소위 선진 관리 시스템이라 부르는 비즈니스 모델 등을 도입하여 운영하기만 하면 모든 게 완벽해질 것이라 기대하는 A 회사가 있었다. 그런데 막상 선진 시스템을 도입해서 적용해 보니 예상치 못했던 여러 가지 문제가 발견되어 전혀 운용할 수가 없었다. 또 다른 회사에서는 직원들에게 외부 기관에서 시행하는 업무 능력 양성 과정에서 교육받기를 장려했다. 그러나 직원들이 이러한 회계 정리나 동기부여 방법을 배우는 과정을 이수한다고 해서 회사의 각 팀이 저절로 운영되어 관리가 전혀 필요 없어지는 게 아니다. 사실 이런 건 모두 실현 불가능한 일이다. 일부 경영 교육은 실제로도 유용하지만, 팀 전체가 스스로 움직일 수 있는 시스템을 도입하면 회사가 운영될 수 있다고 생각하지는 말아야 한다. 만약 기업 경영이라는 게 정말 이렇게 간단하다면 도산하는 회사는 아마 없을 것이다.

나라를 다스리든, 회사를 다스리든, 생활 속에서 다른 일을 하든, 적용해야 할 원리는 모두 같기에 맹자는 선한 마음과 방법, 책략을 결합하는 해법을 제시했다.

역사상 선한 마음은 있지만, 나라를 잘 다스리지 못하는 임금들이 많았다. 맹자가 자주 왕래했던 제나라 선왕이 그 대표적인 예다. 제사 때문에 많은 소가 도살되는 것을 안타까워하던 제나라 선왕은 제물을 양으로 대신하고 싶어 할 정도로 측은지심을 갖고 있었다. 그러나 정작 그 착한 마음과 자비심을 백성들에게 베푸는 어진 정치를 할 줄 몰랐기 때문에 제나라는 천하를 다스리지 못했다.

또한 남북조 시대에 평생 정진하며 염불하던 양梁나라의 무제武帝는 제사를 지낼 때 소와 양의 희생을 치르지 않기 위해 곡식으로 대신했고, 사형 집행이 이루어질 때는 사형수를 위해 눈물을 흘릴 정도로 충분히 인자했다. 그러나 정작 국정을 제대로 보살피지 못했으며 귀족들이 득세하여 혼란을 초래하도록 방치하였다. 그 역시 후경의 반란으로 결국 불행한 최후를 맞았다. 이를 일컬어 맹자는 이렇게 말했다.

> "이루離婁30의 밝은 시력과 공수자公輸子31의 뛰어난 재주가
> 있어도 걸음쇠와 곡자를 쓰지 않으면 네모와 원을 제대로 그
> 리지 못하고, 사광師曠32의 밝은 청음으로도 육률33을 쓰지
> 않으면 오음五音을 바로 잡을 수 없다. 또한 요堯와 순舜의 도道

---

30 **이루(離婁)** : 백 보 밖에서 가는 털(秋毫, 추호)을 구분할 수 있었다는 전설적인 인물이다.
31 **공수자(公輸子)** : 노(魯)나라 출신으로 손재주가 뛰어나 이름을 널리 알린 기술자이다.
32 **사광(師曠)** : 진(晉)나라 악사로 음악에 통달한 자다.

로도 어진 정치를 펴지 못하면 천하를 평화롭게 다스리지 못
한다."

이루처럼 총명하고 눈이 밝은 사람이나 공수자처럼 기교 있는 사
람도 컴퍼스나 자가 없으면 방형이나 원을 그릴 수 없고, 사광처
럼 대단한 음악가도 육률과 준칙이 없으면 오음을 바로잡을 수 없
으며, 요와 순처럼 좋은 제왕도 어진 정치를 펴지 않으면 천하를 다
스릴 수 없다. 이들은 모두 표준이자 규범이고, 따라야 할 원칙이며
일을 성공적으로 이끌기 위한 전제조건이다. 전해 내려오는 훌륭한
전통이나 법도가 있어도 처박아 두고 지키지 않으면 아무 소용이
없다. 이를 실행하지 않으면 반드시 해야 할 일도 잘 해내지 못할
것이다.

나라를 다스리려면 군주는 어진 성심이 있어야 할 뿐만 아니라,
어진 정치를 실시해야 하며, 어진 마음과 어진 정치를 결합해야만
나라를 뿌리부터 잘 다스려 태평한 세상을 실현할 수 있다. 우리 또
한 다른 일을 잘 해내려면 선량한 마음과 품행을 갖추어야 할 뿐만
아니라, 선과 원칙을 지키며 전략과 방법을 적절히 구사해야만 한

---

33 육률 : 대나무를 잘라 대통을 만든 것으로 음·양(陰陽)이 각각 여섯 개로 구성된 오음(五音)의
높고 낮음을 조율하는 기구다.

다. 선량하기만 한 마음으로는 아무것도 이룰 수 없고, 따라야 할 준칙이 있다고 저절로 따라지지 않는다. 언제나 이 두 가지의 적절한 조화가 필요하다.

방법이 틀리면
뼈를 깎는 노력도 물거품이 된다

이러한 행위로써 이 같은 욕망을 구하고자 하는 것은,

以若所为, 求若所欲,

나무에 올라가서 물고기를 찾는 것과 같은 것입니다.

犹缘木而求鱼也.

『맹자孟子 · 양혜왕梁惠王 · 상上편』

우리는 흔히 '운도 실력'이라면서 노력하면 할수록 운도 좋아진다고 말한다. 하지만 틀린 방법으로 노력한다면, 노력하면 할수록 더 절망적인 상황에 빠져들어 최선을 다해 열심히 발버둥 쳐도 아무 소용이 없다. 심지어 노력의 방향이 완전히 틀렸다면 원하는 방향과는 정반대의 길을 걷게 된다.

내가 아는 사람 중에 원래 가진 능력은 출중하나 일을 할 때 항상 핵심을 비껴가는 사람들이 있다. 그들은 노력하지 않는 것이 아니다. 오히려 다른 사람들보다 더 열심히 노력하지만, 상황은 나아지지 않고 점점 더 악화일로惡化一路에 빠져든다. 때때로 그들과 이야기해 보면 그들은 의기소침한 태도로 나에게 묻는다.

"판덩 선생님, 제 상황을 좀 보세요. 저는 아무리 힘들어도 불평불만 없이 게으름도, 농땡이도 피우지 않고 열심히 일하는데 왜 이렇게 좋은 실적을 내기 어려울까요?"

그들은 무턱대고 하는 노력은 결코 성공으로 연결되지 않는다는 사실을 깨닫지 못하고 있다. 많은 사람이 '1만 시간의 법칙'을 운운하며, '뼈를 깎는 노력'은 배신하지 않으리라 믿고 있지만, 사실 노력이 성공의 문을 여는 만능열쇠는 아니다. 때로는 노력 여하가 중요하지 않을 수도 있으며, 반드시 자신에게 가장 '적합한' 방법을 찾아내야 성공할 수 있다.

맹자와 제齊나라의 선왕宣王의 대화는 이를 잘 말해 준다.

맹자는 제나라 선왕이 제나라 환공桓公과 진晉나라의 문공文公을 본받아 '패도정치霸道政治'로 나라를 다스리려 하는 것은 바람직하지 않다고 생각했다. 특히 인의仁義를 무시하고 무력으로 탐하는 '패도'

로 중국 전체의 대통일을 이루는 건 더욱 불가능하다고 여겼다.

> "지금 왕께서 취하고 있는 방식으로 주변 나라들이 모두 제
> 나라로 귀순하여, 제나라를 우두머리로 삼는 것은 그야말로
> 연목구어緣木求魚와 같습니다. 나무에 올라가서 물고기를 잡
> 으려 하나 나무에 물고기가 살 리 없으니, 왕께서 뜻하신 목
> 적을 어떻게 달성할 수 있겠나이까? 단도직입적으로 말해
> 이 방법은 실행 가능성이 전혀 없습니다."

스타트업 창업자들 사이에서 유행하는 말이 하나 있다.

> "창업은 고위험 업종이기에 실패는 필연이며, 성공은 우연이
> 다."

옛날 제후국들이 천하를 통일한 것도 같은 맥락에서 이해할 수
있다.

그럼에도 창업해서 성공한 사람은 도대체 어떤 방법으로 난관을
극복할 수 있었을까? 창업에 따르는 위험성의 크고 작음은 바로 창
업자의 능력과 직접 연결되어 있다. 많은 창업자가 새벽부터 밤늦
게까지 쉴 틈도 없이 부지런히 일하며 고생한다고 생각하겠지만,

이는 일종의 오해에 불과하다. 강의할 때 내가 자주 하는 말이 있다.

"만약 여러분 중에 사업을 하고 있거나, 교수, 연구, 심지어 아이들을 가르치는 등 어떤 직업을 갖고 있든, 지금 상황에서 매우 힘들고 스트레스를 받고 있다면 이는 당신이 더 나은 방법을 찾지 못했기 때문이다."

나는 학교 다닐 때 가정형편이 넉넉하지 못해서 일찍이 다른 사람에게 자전거를 수리하는 것을 배웠다. 타이어를 바퀴에서 떼어내려고 할 때 손이 다 찢어지기도 했는데, 수리하는 법을 알려준 그분은 너무나 손쉽게 타이어를 탈착하는 것을 발견했다. 이는 그가 정확한 탈착 방법을 알고 있었기 때문이다. 하지만 나는 제대로 된 방법을 익히지 못한 채 힘만 써댔으니 어려울 수밖에 없었다. 이처럼 때로는 아무리 힘을 써도 소용이 없을 때가 있다.

맹자가 보기에 제나라 선왕의 행동은 목표를 달성하는 올바른 방법이 아닐뿐더러 백성들에게 재앙을 초래하는 것이었다.

> "위로는 부모를 섬길 수가 없고 아래로는 처자식을 부양할
> 수 없으니, 풍년이 들어도 1년 내내 고생만 하고, 흉년에는
> 죽음을 면치 못하게 됩니다. 만약 이와 같다면 오직 죽음을
> 모면하기도 힘겨운데 어느 겨를에 예와 의를 닦겠나이까?"

스스로 화를 불러와 백성들의 생활이 궁핍해져서 살아갈 수가 없는데 나라가 어떻게 평온해지겠는가? 그래서 이런 방법은 전혀 실행할 수 없는 것이다.

그러면 어떤 방법이 가능할까? 바로 맹자가 줄곧 주장하여 온 왕도를 행하여 '인의 정치'를 펴는 데 그 답이 있다. 인의 왕도정치로 백성들이 풍족하게 먹을 수 있고, 굶주리지 않게 한 후 선한 길로 나아가도록 교화시키는 것이다. 이렇게 되면 백성들도 더욱 쉽게 왕의 말을 따르게 된다.

이는 이치에 맞는 말임에 틀림이 없다. 여기서 특히 흥미롭게 생각하는 것은 '오직 죽음을 모면하기도 어려운데, 어느 겨를에 예와 의를 닦을 수 있겠냐'며 맹자가 제나라 선왕에게 물은 부분이다. 서민들이 가난으로 인해 죽음에서 벗어나기도 힘든데 무슨 예의를 차릴 수 있을까?

가끔 젊은 친구들과 이야기할 기회가 있을 때, 지금은 무엇을 목표로 살고 있느냐고 물어본다. 어떤 사람은 "지금 임무를 완수해 성과를 내느라 바쁩니다!"라거나, "승진해서 연봉을 올리기 위해 노력하고 있습니다."라고 대답한다. 모두 의욕 넘치는 대답으로 들리겠지만 나는 이런 생각과 행동에 찬성하지 않는다. 만약 모든 사람이 성과지표를 '임무 완성, 승진, 연봉 인상'으로 수립해서 쉴 시간도 없고, 가족과 함께 할 여유도, 심지어는 잠잘 시간도 없이 살아간다면 어떻게 혁신적인 일을 할 시간과 에너지를 가질 수 있겠는가? 또 어떻게 자기 계발을 통해 발전할 시간이 있겠는가? 이것이 바로 '어느 겨를에 예와 의를 닦을 수 있겠는가?'와 같은 이치다.

예전에 아들의 교장 선생님과 이야기를 나누었는데 그때 선생님께 들은 이야기가 있다. 어떤 학생의 부모가 아이에게 40개의 사교육 과정을 등록해 주었다고 한다. 이는 학교에서 하는 수업 시간보다 더 긴 시간을 학원에서 보내야 하는 수준이다. 결과는 어떻게 되었을까? 아이는 매일 팽이처럼 뺑뺑 돌며, 수업을 듣는 데에만 정신이 팔려 전혀 생각할 시간도, 짬을 낼 시간도, 자신이 배운 것을 천천히 익힐 시간도 없이 매일 불안 상태에 처해 있었다. 이는 결코 좋은 양육 방법이 아니라고 생각한다.

한 나라를 다스리는 큰 대업이나, 한 아이를 양육하는 작은 규모의 일이나 모두 마찬가지로 반드시 올바른 방법을 찾아야 한다. 나라를 다스리는 데는 먼저 백성의 삶을 풍요롭게 한 다음 예의와 염치를 가르쳐야 효과적이며, 아이들을 양육하는 데는 먼저 긴장감을 없애 주어야 스스로 조절할 수 있고, 더 많은 에너지를 가지고 배우고 발전하여 더 훌륭한 사람으로 성장할 수 있다.

지금 당장 바로 잡지 않으면
허물은 사라지지 않는다

만약 그것이 옳지 않다는 것을 알고 있다면,

如知其非义,

당장에 빨리 그만두어야 하는데,

斯速已矣,

어찌하여 내년까지 기다리려 하십니까?

何待来年?

『맹자孟子 · 등문공滕文公 · 하下편』

나는 논어를 강의하면서 공자에 관한 작은 일화를 소개한 바 있다.

어느 날 공자가 노나라 무성武城에 이르렀는데, 마침 공자의 제자였던 자유子遊34가 현감이 되어 무성을 관장하고 있었다. 자유는 무성을 예악禮樂으로 잘 다스렸기에 마을 여기저기서 거문고와 비파 소리가 들려왔다. 공자는 이에 웃으며 자유에게 농담을 건넸다.

"닭을 잡는 데 소 잡는 칼을 쓸 필요가 있겠는가?"

이 말은 작은 시골 마을을 다스리는 데 있어 나라를 다스리는 도道인 예악禮樂을 사용했느냐는 의미의 농담이었다. 이에 대해 자유는 어떻게 답변했을까?

> "예전에 저는 선생님께서 군자가 예악의 도道를 배우면 사람을 사랑하게 되고, 소인이 예악의 도道를 배우면 사람을 부리기가 쉬워진다고 말씀하신 것을 들은 적이 있습니다."

이는 예악을 배우면 사회를 위해 열심히 일하여 쓸모 있는 사람

---

34 자유(子游) : 중국 춘추 시대 오(吳)나라 사람으로 언유(言游)라고도 불린다. 공자의 10대 제자 가운데 한 사람으로 노(魯)나라에서 관리를 지냈으며, 자하(子夏)와 더불어 문학으로 명성을 얻은 인물이다.

이 될 수 있다는 뜻이다.

공자는 이를 듣고 주변에 있던 다른 제자들에게 말했다.

"제자들아! 언偃(자유의 이름)의 말이 옳구나. 조금 전에 내가 한 말
은 농담이었느니라."

그는 앞에 많은 제자를 두고도 잘못을 바로 시인하였다. 이 역
시 공자의 비범한 점이며, 평소에 우리가 만났던 사람들과는 확연
히 다른 모습이다. 특히 높은 신분과 지위를 가진 일부 사람들은 분
명히 자신이 잘못을 저질렀음에도 일단 다른 사람들 앞에서 지적받
았다는 사실에 자신의 위신과 체면이 손상되었다고 여긴다. 그래서
과오를 즉시 바로 잡기는커녕 다른 사람에게 책임을 전가하기도 한
다.

나는 이런 사람들의 방법에 결코 동의할 수 없다. 일에서 성공하
고 다른 사람의 존경을 받는 이유는 신분과 지위가 높아서가 아니
다. **존경과 추앙은 분명한 자기인지 능력과 강한 실행력을 갖춘 사
람들에게 저절로 따라오는 것이다.** 그래서 실수와 과오는 되도록
빨리 고쳐서 주변 사람들에게 좋은 본보기가 되어야 한다.

『맹자·등문공·하편』에는 웃지 못할 일화가 하나 실려 있다. 송宋
나라의 대부大夫(중국에서 벼슬아치를 세 등급으로 나눈 품계의 하나) 대영
지戴盈之는 조세를 개혁하고 싶어 맹자를 찾아왔다.

"우리는 조세 제도를 개혁하고 싶습니다. 10분의 1을 세금으로 내는 제도를 시행하고, 관문과 시장에서 거두어들이는 관세를 폐지하여 자유무역을 하도록 개혁할 계획입니다. 그러나 지금 당장 한꺼번에 이 많은 세금을 내릴 수는 없으니 일단 일부만 감경하고 내년까지 기다린 후에야 전면 시행하려고 하는데 이를 어떻게 생각하십니까?"

대영지는 세금 인하 정책을 점진적으로 추진하고 싶었다. 그래서 올해는 조금 가볍게 해준 다음 내년에 전면 시행하려고 한 것이다. 원칙대로라면 이렇게 해도 크게 문제 될 것은 없었다. 그러나 맹자는 조금의 완곡한 표현도 없는 직설적인 예를 하나 들어 설명했다.

> "매일 이웃의 닭을 훔치는 사람이 있었습니다. 어떤 사람이 그에게 '그것은 군자의 도리가 아닙니다.'라고 알려 주었습니다. 이에 그가 '그러면 그 수를 좀 줄여서 한 달에 닭 한 마리씩 훔치다가 내년에 그만두도록 하지요'라고 답하였습니다."

이 일화를 듣고 나는 웃음을 참지 못했다. 맹자의 풍자 기술이 너무 기발했기 때문이다. 원래의 방법이 틀렸다는 것을 분명히 알았으면 즉시 그 폐단을 없애야 하는데 왜 내년까지 기다려야 하는가?

비꼬는 말이지만 어느 정도 일리가 있는 말이다.

무슨 일을 하든 잘못을 알았을 때 '즉시' 고치는 것은 매우 중요하다. 우물쭈물 주저해서는 안 되며, 잘못임을 알면서도 자신의 잘못을 변명하기 위해 회피해서도 안 된다.

맹자의 이 일화와 비슷한 사례가 있다.

나는 강의에서 『이 책을 읽으면 당신도 담배를 끊을 수 있다』라는 금연 전문 서적을 추천하곤 했다. 훗날 나에게 여러 수강생이 다가와서 추천해 준 그 책을 통해 완전히 금연에 성공했다며 감사의 인사를 전해왔다. 나는 그런 말을 들을 때마다 기쁘기 그지없다.

많은 사람이 담배를 끊으려면 점진적으로 끊어야 한다고 생각한다. 예를 들어 하루에 담배 한 갑을 피웠다면 이제부터는 줄여서 이틀에 한 갑, 사흘에 한 갑을 피우고 완전히 끊을 때까지 천천히 줄여나가야 한다고 말이다. 하지만 이 책은 그렇게 하면 영원히 담배를 끊을 수 없다고 말한다. 당신이 담배를 끊기로 한 이상 가장 효과적인 방법은 오직 하나, '지금 당장 담배를 끊는 것'이다.

어떤 사람들은 "전 지금 당장 담배를 끊을 수 없는데 어떻게 하나요?"라는 질문을 한다. 그것은 당신이 흡연의 해로운 점을 제대로 이해하지 못했기 때문에 하는 말이다. 흡연의 폐해를 완전히 이해하면 정말 건강에 백해무익하다는 것을 깨닫게 된다. 오히려 다른 사람들이 담배를 피우는 것을 보고 동정할 수도 있다. 이럴 때, 즉시 담배를 끊어야 한다. 그러면 반드시 끊을 수 있다.

맹자의 견해가 바로 그렇다. 잘못을 깨달았으면 지체하지 말고 바로 고쳐야 한다. 즉시 과오를 수정하는 것은 자신을 똑바로 직시하여 개선할 수 있다는 장점이 있다. 과오에 대한 심리적 비용 또한 줄일 수 있으며, 다른 사람의 감정적 피해를 줄여 보상 시기와 그 가능성을 얻을 수도 있다. 그래서 공자는 『논어』에서 "진정한 군자는 자신의 잘못을 외면하지 않는다."라고 했다. 공자의 제자 자공子貢도 "군자가 잘못을 저지르는 것은 일식이나 월식과 같아서 저절로 모든 사람의 눈에 띄지만, 그것을 고치면 사람들이 모두 우러러본다."라고 하였다. 이는 군자도 잘못을 범할 수 있는데, 군자는 자신의 과실을 숨기지 않기 때문에 일식과 월식처럼 모든 사람이 볼 수 있으며, 군자가 자신의 잘못을 깨닫고 제때 고친다면 이는 창피한 것이 아니라 오히려 다른 사람의 존경을 받게 된다는 뜻이다.

눈앞의 이익이 아닌
가치 있는 사안에 주목하라

어찌하여 이익에 대해서만 말하시나이까?

何必曰利?

진정 중요한 것으로는 인의仁義가 있을 따름입니다.

亦有仁義而已矣.

『맹자孟子 · 양혜왕梁惠王 · 상上편』

"이 세상에는 영원한 친구도, 영원한 적도 없다. 다만 영원한 이익만 있을 뿐이다."

최근 몇 년 동안 이 말은 사회적으로 상당한 이슈가 되었다. 큰 범주로는 국가 간의 관계에서도, 작은 범주로는 친구 사이에도 모두 통용되는 말로서 누가 들어도 고개를 끄덕이며 납득할 수 있어 마치 천상 불변의 진리인 것처럼 회자됐다.

인터넷에서 이 말의 출처를 검색해 보면, 1842년 3월 1일 영국 의원 헨리 존 템플Henry John Temple[35]이 의회에서 영국의 외교 정책에 대한 야당의 질의에 응답하면서 한 말임을 알 수 있다.

> "우리에겐 영원한 동맹도 없고, 영원한 적도 없다. 우리의 이익만이 영원하고 영구하며, 그 이익을 따르는 것이야말로 우리의 의무다."

이 말은 이후 여러 가지 언어로 번역됐지만, 가장 널리 퍼진 것은 '영원한 친구도 영원한 적도 없고, 영원한 이익만 있을 뿐'이라는 앞부분이다. 그리고 뒷부분의 가장 중요한 말은 모두 생략되었다.

나도 친구와 이 이야기를 나누며 속으로는 현대사회의 가치란 정말 '이익'만 있고, '인의'는 없는 것인가 하는 의문이 들었다.

'이익'은 어느 정도는 우리가 피할 수 없는 주제이며 친구, 가족, 사업, 회사 운영 모두 '이익'과 떼려야 뗄 수 없는 관계다. 그렇지 않

---

35 헨리 존 템플(Henry John Temple) : 제3대 파머스턴 자작으로 더 잘 알려져 있으며, 영국의 총리를 역임했다. 외무장관 시절의 어록으로 유명하다.

으면 모두의 삶이 보장되지 않고 기업이 발전할 수 없다. 또한 사회는 진일보할 수 없으며 국가 역시 부강해질 수 없다. 따라서 '이익'을 논하는 것을 나무랄 수만은 없는 일이다.

하지만 우리 인생에서 '이익'을 얻는 것만이 유일한 목적이 아니라는 것은 이미 수천 년 전에 살았던 맹자는 알고 있었다. 양혜왕梁惠王과의 아주 유명한 대화에서 맹자는 '이익'에 대한 철학을 설파한 바 있다.

양혜왕이라는 사람은 역사적으로 매우 유명한 사람이다. 많은 사람이 양혜왕을 양梁나라의 왕으로 알고 있지만, 사실은 그렇지 않다. 그는 위魏나라 사람이고, 위혜성왕魏惠成王이라고도 부른다. 다만 나중에 위나라가 진秦나라에 패배하고 수도가 대량大梁(오늘날의 카이펑)으로 옮겨짐에 따라 위혜성왕은 양혜왕이 되었다.

당시 각국의 전쟁은 치열했고, 양혜왕도 사자를 파견해 현인을 찾아 헤맸는데, 바로 이때 맹자가 위나라에 오게 되었다. 두 사람이 대면하자 양혜왕이 먼저 인사를 건넸다.

"이봐 늙은이, 천 리 길도 마다치 않고 왔으니 분명 우리나라에 좋은 일을 가져왔겠지?"

맹자에 관한 책을 읽어 보았다면 알겠지만, 맹자가 줄곧 주장해 온 것은 인의仁義의 길이며 제일 싫어하는 단어 바로 '이익'이다. 그래서 양혜왕의 질문에 맹자는 즉시 이렇게 답했다.

"왕이 된 자가 어찌 이익을 논하시나이까? 인의만 있으면 충
분하다고 생각합니다. 만약 대왕께서 '어떻게 하면 우리나라
에 이익이 되겠소?'라고 하문하신다면, 그 아래 대부는 '어떻
게 하면 우리 가문에 이익이 되겠소?'라 물을 것이고, 일반
선비와 백성들은 '어떻게 하면 나 자신에게 이익이 됩니까?'
라고 물을 것입니다. 이렇게 상하 고하를 막론하고 '이익'만
추구한다면 나라가 위태로워질 것입니다."

맹자는 매우 단순한 이치를 말하고 있다. 만약 한 나라 안에서,
고귀한 군주부터 민간의 일반 백성까지, 모든 사람이 자신의 이익
만 생각한다면 누가 국가를 관리하겠는가? 나라가 위태로워지지
않겠는가?

양혜왕뿐만 아니라 많은 사람이 인의보다는 이익을 최우선으로
추구해야 할 가치라 여겼고, 제자백가의 일부에서도 이익을 우선시
해야 한다고 주장했다. 이를테면 양주楊朱와 묵적墨翟이 대표적인 예
다. 『맹자·진심 상편』에 이렇게 일렀다.

"양자楊子는 자신을 위해서만 이익을 취하였으니, 털 한 올이

라도 뽑아서 천하를 이롭게 하지 않았다. 묵자墨子는 사랑하
지 않는 것이 없으니, 정수리를 갈고 부딪혀 발꿈치에 이르
더라도 천하를 이롭게 한다면 기꺼이 하였다."

이는 양자는 오로지 자신만을 위하는 태도를 보였으므로, 자신의
머리털 한 올을 뽑아 천하를 이롭게 할 수 있다고 해도 하지 않았으
며, 묵자는 모든 사람을 똑같이 사랑하라는 주장을 펼치기에 비록
자신의 정수리가 닳아서 발꿈치에 달하는 희생을 치른다 해도 천하
를 이롭게 한다면 그리하였다는 뜻이다.

묵자에게는 천하만 있고 자기 자신은 없다. 좋은 일처럼 들리나
맹자는 그들 모두를 함께 비판했다. 왜일까? 그들은 모두 문제의 해
결점을 '이익'의 관점에서 시작했기 때문이다. 맹자는 이 둘을 냉혹
하게 비판했다.

"양주는 자신을 위하는 주장이니 이는 임금이 없는 것이고,
묵자는 모두를 사랑하자는 것이니 이는 아버지가 없는 것이
라. 아비와 임금이 없는 것은 바로 금수이니라."

그렇다면 인간은 '이익'을 전혀 추구해서는 안 되는 걸까?
물론 아니다. 북송北宋의 이학자 정이程頤는 "군자가 이익을 탐하

지 않는 것은 아니나 오로지 이익만을 위하는 것은 해롭다. 인의는 이익을 추구하지 않고 불이익을 받지 않는 것이다."라고 하였다. 군자는 이익만을 추구해서는 안 되며, 오로지 이익만 생각하느라 인의는 생각하지 않으면 해만 생긴다는 뜻이다. 인의와 인정을 베푸는 사람은 이익을 추구하지는 않지만, 어디를 가든 불이익을 받지 않는다. **특히 모두가 이익을 중시할 때 인의를 중시하는 사람은 더욱 근본적인 원인을 찾아내어 시대의 병폐를 척결할 수 있다.** 이것이 바로 맹자가 말하는 '성현의 길이며 나라를 다스리는 길이자 오늘날 우리의 처세술'이기도 하다.

나는 최근에 슈마허E.F. Schumacher36가 쓴 『심리적 패턴이 당신의 삶을 결정한다』라는 책을 읽었다. 이 책의 견해에 따르면 세계에는 두 가지 유형의 문제가 있는데 하나는 '수렴 문제'고 다른 하나는 '발산 문제'다. 예를 들어서 우리가 책상, 자전거, TV 등을 만들어야 하는데 나중에 보니 이것이 어디서 만들어지든 모양은 크게 다르지 않다는 것을 깨닫게 되었다고 하자. 이것을 '수렴의 문제'라고

---

36 **슈마허**(E.F. Schumacher, 1911~1977) : 영국의 저명한 경제학자이자 기업가. 1975년 출간된 베스트셀러 『작은 것이 아름답다』로 명성을 얻었으나, 『심리적 패턴이 당신의 삶을 결정한다』를 자신의 인생에서 가장 중요한 업적으로 꼽았다.

한다. 이는 표준화, 정형화로 해결할 수 있는 문제다.

그러나 '발산의 문제'는 정형화된 기준으로는 해결하기 어렵다. 예를 들어 회사의 관리자로서 직접 일에 더 많이 관여할 것인지 맡길 것인지를 고민할 때 어느 선까지 할 것인지에 따라 기준이 달라진다.

공자가 보기에 이런 문제를 해결하는 방안은 '중용의 길'이다. 중용은 그 정도를 파악하면 되는데, 이 작업은 매우 어렵다. 우리는 정확한 중용의 지점을 짚어 내기 어렵기 때문이다.

이 책의 저자는 균형이 필요한 두 가지 관점에 직면한다면 결국 우리가 실질적으로 해결해야 할 것은 어떤 관점을 선택하는 것이 아닌 더 높은 차원에서 문제를 해결해야 한다고 했다. 이 고차원은 모순에 처한 모든 사람을 어떻게 더 나은 상황으로 이끌어 줄 것인가다. 그래야 모순이 근본적으로 해결될 수 있다.

따라서 발산적 질문에 대한 답은 문제의 본연에 있지 않기 때문에 인간 스스로가 좀 더 높은 차원으로 끌어올려야 찾을 수 있다. 익숙해진 타성을 깨뜨리고 자발적으로 나아가는 과정이 바로 '발산'이기 때문이다.

나는 '리더십'에 대해 이야기할 때면 우리 팀원들에게 항상 이렇게 강조한다. 업무적으로 권한을 좀 더 많이 위임하는 것과 관리를 더 많이 하는 것, 이런 것은 리더십의 중요한 덕목이 아니다. 우리 팀원 개개인의 적극성과 성장형 사고를 통해 함께 성장하고, 회사의 발전을 위해 노력할 수 있도록 이끄는 것이 리더가 갖춰야 할 진정한 리더십이고, 이것이 문제를 해결하는 가장 효과적인 방안이다. 만약 여러분의 머릿속에 심사, 임무, 성과 목표만 있고 눈앞에 '이익'만 보려 한다면, 인의도, 이상도, 성장 동력도 없는 것이다. 만약 이런 가치만 추구하는 회사라면 멀리 가기도 어렵고 구성원들의 발전 또한 장담할 수 없다.

대어를 낚으려면
치어稚魚는 방생하라

가까이 있는 현상을 말하면서도,

그 말로써 심오한 의미를 가르치는 것이 좋은 말이고,

言近而指远者, 善言也,

간단한 내용을 지키면서도,

그 간단함으로써 많이 베풀어지는 것이 좋은 도다.

守约而施博者, 善道也.

『맹자孟子 · 진심 尽心 · 하下편』

    사업하는 친구들과 이야기하다 보면 항상 그들의 직원에 대한 이
런저런 불평을 듣게 된다.

"내 부하 직원들은 잘하는 게 아무것도 없어. 어떻게 해야 할지 좀 알려줘."

"경력이 좀 차면 내가 이렇게 신경 쓰지 않아도 될 것 같은데⋯."

"하나하나 가르치기가 왜 그리 힘든지, 일을 맡길 수 있을 만큼 이해시키려면 그 시간에 벌써 내가 다 끝냈을 거야!"

그럴 때마다 나는 그들에게 반문한다.

"왜 지엽적인 걸 물고 늘어지냐?"

"내가 관여하지 않으면 잘못하니까 그러지. 그러다 문제가 생기면 손해는 누가 책임지는데! 손해는 내가 보는 거잖아?"

그들의 심정은 충분히 이해하지만, 이런 업무 스타일은 그다지 바람직하지 않다.

'빈대 잡으려다 초가삼간 다 태운다'라는 말처럼 많은 사람이 경중을 구분하지 못해 지엽적인 것에 집착하다가 정작 중요한 사안은 그르치는 일이 부지기수다. 게다가 약간의 사소한 일은 아무리 완벽하게 완수한다고 해도 전체적인 효과는 그리 크지 않다. 그런데 이러한 사소한 일들에 그들의 시간과 정력의 대부분을 쏟기 때문에 정작 중요한 일을 해야 할 순간에는 이미 힘이 빠져버리거나, 간과해서 그르치고 만다.

사실 모든 일에는 일의 성패를 결정짓는 핵심 단계가 있고, 여기엔 몇 가지 핵심 과제 또한 포함되어 있다. 일을 제대로 하려면 바로 '핵심'에 주의를 기울여야 한다.

친구 중 한 명이 업무 능력이 특출하여 회사에서 부사장으로 승진하였다. 처음에 직원들에게 업무를 지시할 때, 직원들이 잘하지 못해서 일을 망칠까 봐 늘 걱정하고 매우 두려워했다. 그래서 업무를 나누어 부여한 후에는 늘 직원들 옆에서 지도하고, 어떨 때는 직접 팔을 걷어붙이고 나서기도 했다.

일정 기간이 지난 뒤에는 그가 직접 연관되지 않은 업무가 없을 정도가 되었다. 어떤 프로젝트이건 그와 그의 부하 직원이 함께 진행하였으며, 일부는 아예 혼자 담당하기도 했다. 결국 업무 강도는 점점 높아져 그를 지치게 했고, 결국 정작 중요한 자신의 업무에까지 영향을 미쳤다. 우리는 이 문제에 대해 이미 여러 번 이야기했었다. 여러 차례 설득과 몇 가지 제안을 한 후에야 그는 점차 자신의 문제를 깨닫고 천천히 업무 방식을 개선하기 시작했다.

가장 중요한 일을 자주 잊어버리는 사람은 종종 사소한 일의 노예가 된다.

내가 정말 좋아하는 글귀가 있다.

"진정한 지혜의 경지란 무엇을 소홀히 해야 할지 아는 것이다."

사람이 지혜와 잠재력을 발휘하려면 자신의 강점과 그에 따른 보상을 받는 쪽에 집중해야 한다. 자신이 잘할 수 있는 일에 집중된 노력을 투자해야만 이러한 강점이 더욱 발휘되고 발전할 수 있다. 일을 효율적으로 하는 사람들은 그들의 일에 가장 영향을 줄 수 있는 핵심 요소를 찾고 통제하는 데에 능숙해 일반인보다 더 쉽게 성과를 낸다.

전국 시대에 진秦나라는 부국강병을 실현하기 위해 유명한 상앙 商鞅 변법37을 단행했다. 변법의 조목은 당시 진나라에 큰 반향을 일으켰고, 진나라가 6개국을 통일한 후 상앙의 변법 모델을 전국에 보급했다. 이때 문제가 발생했다. 이 6개국은 지난 100년 동안 자신들의 문화와 제도를 답습해 왔기에 진나라의 엄격한 법가 사상은 다른 6개국의 사람들에게 적용할 수 없었다. 그래서 유방은 "천하가 진나라 때문에 오랜 세월을 고통받는구나!"라고 여러 번 탄식했다. 다시는 진나라의 전철을 밟지 않기 위해 유방은 군대를 이끌고

---

37 **상앙(商鞅) 변법** : 진나라의 부국강병과 패업(覇業)을 신속하게 달성하기 위해 진효공(秦孝公)의 적극적인 지원 아래 상앙이 추진한 대대적인 혁신 정책이다. 약 20년간 단행되었으며, 예외나 사정을 두지 않는 지나치게 엄격하고 냉철한 개혁 정책으로 민심을 잃고 원망을 사게 되어 효공(孝公) 사후 상앙은 거열형(車裂刑)에 처했다.

함양에 쳐들어갈 때 매우 간단하고 상앙의 변법에 절대 뒤지지 않을 규칙을 제정했다.

"사람을 죽인 자는 사형에 처하고, 상해를 입힌 자와 재물을 훔친 자 역시 그에 상응하는 처벌을 행한다 殺人者死, 伤人及盗抵 罪."

이것이 바로 '약법 3장'이다. 간단한 한자 열 글자만으로 천하의 백성이 짊어지고 있던 무거운 짐을 벗을 수 있었다. 그러자 백성들이 너도나도 유방을 옹호하기 시작했다.

유방 이후 한나라는 황노黃老의 학문을 시행해 백성들과 휴양하고 번영하여 역사상 유명한 '문경지치文景之治'를 열게 되었다. 그리고 이 모든 것의 기초는 한고조 유방이 제시한 간단한 열 글자 덕분이었다.

『맹자·진심·하편』에는 이렇게 이른다.

"쉬운 사례를 말하면서도 그 말이 담고 있는 뜻이 심오한 것이 좋은 말이고, 실행은 간단하면서도 그 효과가 널리 미치게 되는 것이 좋은 도道이다."

알기 쉬운 말로 깊은 뜻을 나타내면 고명한 말이고, 간결한 원칙을 지키면서 실행할 때는 두루 통하는 것이 고명한 도道라는 뜻이다. 이는 어떤 사물이나 원리가 겉으로 보기에는 복잡해 보여도 그 핵심 본질은 간결하고 명확하다는 것을 강조한다. 이러한 핵심 특성을 이해하고 숙달할 때는 간단한 것부터 시작하여 심도 있는 분석과 정제를 통해 궁극적으로 내재하는 단순성을 끌어낼 필요가 있다.

똑같은 업무라도 일을 잘하는 사람들이 다른 사람들보다 쉽게 해내는 이유는 일을 할 때 경중을 잘 분별하고, 중요하지 않은 많은 것 중에서 가장 중요한 것을 잘 추려내기 때문이다. 그러면 그들은 자신의 지렛대를 운용하기 위한 적당한 중용의 지점을 찾은 셈이 된다. 한마디로 몸 전체를 써도 움직이지 못하던 무거운 것을 손가락 하나만으로도 움직일 수 있게 되는 것과 같다.

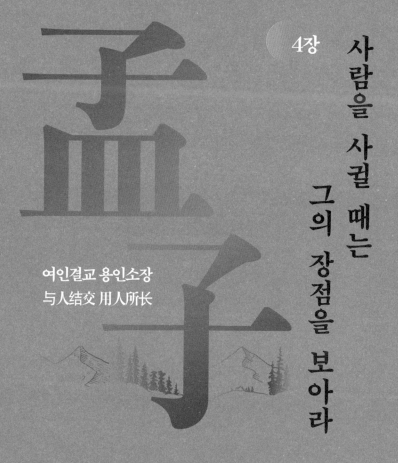

4장

사람을 사귈 때는
그의 장점을 보아라

여인결교 용인소장
与人结交 用人所长

'인정'이라는
인생 최고의 선물

비록 그대가 배려했다고 하나,

子为长者虑,

목공[38]이 자사子思[39]에 대한 배려에는 미치지 못하니,

而不及子思,

그렇다면 이는 그대가 장자를 내치는 것이오?

子绝长者乎?

아니면 장자가 그대를 내치는 것이오?

长者绝子乎?

『맹자孟子 · 공손추公孙丑 · 하下편』

『사기史記』의「회음후열전淮陰侯列傳」을 읽어 보았다면 '소하蕭何[40]와 한신韓信[41]의 일화'를 알 것이다. 한신은 원래 능력이 뛰어난 장수였지만, 유방이 그를 알아주지 않자 더 이상 그를 따르지 않기로 결심하고 도망치려 했다. 소하는 한신이 달아났다는 소식을 듣자마자, 유방에게 보고할 겨를도 없이 말을 타고 한신의 뒤를 쫓았다. 한신을 설득하여 다시 데려온 소하는 유방에게 한신을 천거하며 대장군으로 봉할 것을 주청했다.

"왕께서 원하시는 바가 한 나라의 왕이라면 한신을 다시 데려올 이유가 없습니다. 하지만 목표하시는 바가 천하를 놓고 다투시는 것이라면 한신이 꼭 필요할 것입니다. 예를 갖추어 그를 대장군에 봉하여 주시옵소서."

결국 유방은 한신의 활약으로 항우를 물리치고 천하를 손에 넣게 되었다.

이 이야기는 누군가가 나를 알아주고, 나의 가치를 인정해 주고

---

38 **목공(穆公)** : 노(魯)나라 제30대 임금으로 휘는 현(顯)이다. 자사를 스승으로 모셨으며, 또 설류(泄柳)와 신상(申詳, 申祥) 곁에 두고 중용했다.

39 **자사(子思)** : 공자의 손자로 『중용』의 저자다.

40 **소하(蕭何)** : 한(漢)나라 초기의 정치가이자 행정가로 한고조 유방을 따라 종군하여 한나라 건국의 개국공신이 된다. 한신, 장량과 함께 건한삼걸(建漢三傑)로 꼽힌다.

41 **한신(韓信)** : 한(漢)나라 초의 장군이다. 초나라 사람으로 본래 항우를 섬겼으나 중용되지 않아, 한고조 유방의 수하가 되어 대장군을 지낸 인물이다.

또 나의 능력과 지식을 높이 평가해 주는 일이 얼마나 행복한 일인지를 우리에게 알려준다.

나를 알아봐 주는 사람은 언젠가 때가 닿으면 나의 잠재력과 가치를 발휘할 기회를 만들어 줄 수도 있다. 이와 반대로 그동안 내가 열심히 쌓아온 실력과 능력을 알아봐 주는 사람이 아무도 없다면, 매우 안타깝고 유감스러운 일이다.

맹자 역시 일찍이 이와 비슷한 일을 겪은 적이 있다. 그의 사상이 제나라에 크게 쓰이지 못하자 맹자는 제나라를 떠나려고 하였다. 제나라 선왕 역시 그의 고언이 더 이상 필요치 않았는지 그를 만류할 사람을 보내지 않았다. 그가 제나라 수도에서 가까운 주읍晝邑에서 하룻밤을 묵을 때였는데 어떤 필부 하나가 제나라 선왕을 대신하여 맹자의 발길을 붙잡고자 하였다. 그러나 이 사람은 맹자를 잡을 수 있는 핵심을 전혀 파악하지 못했다. 그는 제왕의 지시를 받아온 것도 아니고, 맹자와 친밀한 사이도 아니었다. 맹자와 어떤 유대관계도 없고 맹자를 전혀 이해하지 못하면서 자신의 힘으로 그를 만류할 수 있다고 여기고는 경솔하게 다가와 설득하고자 한 것이다. 한참 설득을 했는데도 맹자가 그를 상대조차 하지 않자 결국 그는 화가 났다. 이 모습을 본 맹자는 인내심을 가지고 이 사람에게 이유를 설명해 주었다.

"옛날 노魯나라 목공穆公은 자사 곁에 그를 예우하고 받들 사람을 두지 못하면 자신이 자사를 편히 머물 수 있도록 해주지 못했다고 생각했고, 노나라의 신하였던 설류泄柳[42]와 신상申詳에게도 예우할 사람을 보내지 못하면 마음 편안하게 있지 못했소. 현인을 대하려면 목공이 자사를 대하듯 그 정도의 대우와 배려는 해야 하지 않겠소? 그대가 나를 위해 배려한다고는 하나 목공이 자사에게 한 정도에는 미치지는 못하오. 군주의 명도 없이 멋대로 찾아왔는데 이런 상황이면 내가 그대를 거절하는 게 아니라, 나로 하여금 그대를 거절하게 하는 것이 아니겠소?"

옛날 노나라의 군주 목공은 현자賢者인 자사를 대할 때 스승으로 섬기며 그의 도를 존경했다. 그래서 자사가 머물 거처를 돌보고 음식을 해주며 시중을 할 사람을 보냈기 때문에 자사는 노나라에 남아서 신하가 되었다. 만약 자사의 곁에서 보좌해 줄 사람이 없으면 혹여 그가 불편하지는 않을지 걱정되어 목공은 마음이 편치 않았다. 목공은 현인을 존중하기 때문에 설류와 신상 역시 노나라의 신하로 중용하였으며, 목공은 그의 곁에 군왕의 도를 조언해 줄 현자

---

42 **설류(泄柳)** : 춘추 시대 노(魯)나라에 중용된 현자다.

들이 없으면 곧잘 불안해했다.

맹자의 이 말은 자사가 노나라 목공의 인정과 존중, 보살핌을 받았기 때문에 노나라에 남아서 일하기를 원했다는 것이다. 물론 자사를 돌보는 이들이 자사와 목공 사이에서 뜻을 자주 전하여 서로를 이해할 수 있었기에 자사는 안심하고 노나라에 머물 수 있었을 것이다. 설류나 신상 같은 현인들 역시 비록 자사만큼 융숭한 대접을 받지는 못하였으나 목공 주변의 어진 신하들이 그들을 보호해주었기에 안심하고 일을 할 수 있었다. 만약 목공 곁에서 자사, 설류, 신상 등의 뜻을 대신하여 말하는 현신賢臣이 없어 이들의 안전을 보장해 줄 사람이 없었다면, 그들도 결국 이 나라에 발붙일 수 없었을 것이다.

이 점을 쉽게 이해시켜 주는 역사적 사실이 있다. 바로 『삼국지연의』에 나오는 촉蜀나라와 오吳나라의 연합에 관련된 일화다.

제갈량諸葛亮은 동오東吳의 손권孫权에게 가서 촉나라와 연합하여 조조에 대항할 것을 제안했다. 그러나 동오의 문무백관들은 조조군의 형세가 너무 강대하니 항복하여 조조를 맞아들여야 한다고 반대했다. 결국 제갈량은 연합을 반대하는 문무백관들과 치열한 설전 끝에 화려한 언변으로 연합에 성공했다.

우리는 이 단락의 내용을 보고 모두 제갈량의 능력이 대단하다고 생각하겠지만, 사실 여기에는 결코 지나쳐서는 안 될 한 사람의 활약이 있었다. 바로 노숙魯肅[43]이다. 노숙은 제갈량의 지혜에 탄복하여 손권 앞에서 항상 제갈량에 대해 좋은 말을 해주었다. 또한 제갈량에게는 '예방주사' 성격의 조언을 미리 해주며, 손권 앞에서 해야 할 말과 하지 말아야 할 말을 알려 주었다. 젊은 제갈량의 화법을 손권이 다소 불손하다고 느낄지도 모르니 촉나라와 오나라 연합 계획의 결렬을 방지하고자 취한 행동이다. 실제로도 촉오 연합에 있어 노숙의 역할은 지대했다. 노숙이 중간에서 적극적으로 개입하여 소통하였기에 유비와 손권은 서로를 견제하면서도 힘을 합쳐 조조와 맞서 싸울 수 있었다.

그러나 맹자는 제나라에서 이런 가교 구실을 해주는 이를 만나지 못했다. 누군가가 자신을 만류하러 왔어도 이는 제왕의 명을 받들어 온 것이 아니었다. 그 자신은 제나라에 중용된 신하도 아닐뿐더러 자사가 목공에게 대접받던 것과는 거리가 먼 처지였기에 자신이 남아야 할 어떤 의미도 찾을 수 없었다.

사실 맹자가 제나라에 남기를 꺼렸던 가장 본질적인 이유는 자신에 대한 선왕의 인정과 존중이 부족했기 때문이다. 이 일화는 우리에게 자기 주변에 어떤 사람이 있어야 하는지를 알려준다.

---

43 노숙(魯肅): 후한 말 손권 휘하의 장군이자 정치가로, 자는 자경(子敬)이다.

일상생활에서나 직장에서 나만 열심히 살고, 열심히 일하고, 차근차근 성취해 가면 다른 사람들이 이를 다 알아줄 것으로 생각하는 사람들이 많다. 그러나 실상은 이상과 다르다.

나는 예전에 스탠퍼드 경영대학원의 제프리 페퍼Jeffrey Pfeffer 교수가 쓴 『권력의 기술The Power: 조직에서 권력을 거머쥐기 위한 13가지 전략』이란 책으로 강의를 한 적이 있다. 이 책에서는 실력이나 실적이 성공을 보장해 주지 않는다고 말한다. 우리 생각처럼 우리가 일을 열심히 잘한다고 해서 반드시 좋은 보상을 받아 직장에서 그에 상응하는 권력을 얻을 수 있는 건 아니다. 권력에는 자체적인 운영 메커니즘이 있다. 우리가 무엇을 얼마나 열심히 했는지는 중요하지 않다. **중요한 것은 리더가 무엇을 중요시하는가다.** 리더가 당신의 존재를 알고, 당신이 무엇을 하고 있어야 하며, 모든 방법을 동원하여 리더가 지금 이루고자 하는 일이 무엇인지 알아내 그 일을 해야만 리더의 관심을 받을 수 있다. 간단히 말해서, 업무 실적을 정치 기술과 결합해야만 승진 기회를 얻을 수 있다는 뜻이다.

따라서 리더가 당신을 주목하게 하고 동시에 리더의 필요를 정확히 이해해야만 중간 관리자도 당신의 능력을 알아챈다. 그래야 중간 관리자가 리더 앞에서 당신을 추천하고, 그의 입을 통해 당신에 대한 좋은 말이 리더의 귀에 들어가야 리더의 관심을 받을 수 있다. 그렇지 않으면, 아무리 업무 능력이 좋다고 해도 리더는 그것을 모를 것이다.

이와 관련된 원숭환袁崇煥과 숭정황제崇禎皇帝의 이야기가 있다. 원숭환은 문인이지만 재능이 탁월하고 용감무쌍하여 스스로 군대를 이끌고 요동을 지킨 명장으로도 유명하다.

그러나 그의 비극은 숭정황제의 불신에 있었다. 어떤 의미에서 보면 그는 많은 사람의 눈에는 구세주였지만, 또 어떤 이들의 눈에는 시기와 질투의 대상인 눈엣가시 같은 존재였다. 위충현魏忠賢 은 숭정황제 앞에서 원숭환이 적과 내통하여 모반을 꾀하였다고 고하여 결국 원숭환은 목숨을 잃게 되었다.

우리 주변에는 능력이 출중한 '천리마'와 같은 인재가 차고 넘친다. 하지만 인재를 알아봐 주는 백락伯樂의 역할을 하는 사람은 많지 않다. 그렇기에 우리를 알아봐 주는 사람의 인정과 긍정은 큰 의미가 있다. 인생을 살아가는 동안에 '백락'을 만난다면, 그가 우리에게 준 인정이라는 긍정의 선물을 잊지 말아야 한다. 그들이 있어서 우리는 자아를 성취해 가는 길에서 덜 헤매고 올바른 길을 찾을 수 있는 것이다.

상대의 눈빛으로 판단하는
맹자의 용인술

좌우 신하들이 모두 현자라고 해도 아직 안 되며,
左右皆曰賢, 未可也,

여러 대부 모두가 현자라고 말해도 아직 안 됩니다.
诸大夫皆曰賢, 未可也.

백성들이 모두 현자라고 말하면,
国人皆曰賢, 然后察之,

그 후에 가서 정말 현자인지를 잘 살핀 후에 등용해야 합니다.
见贤焉, 然后用之.

『맹자孟子 · 양혜왕梁惠王 · 하下편』

예나 지금이나 언제나 가장 중요한 역할을 하는 것은 '사람'이며, 결국 모든 성공은 사람이 이뤄낸 것이다. 우리가 잘 아는 항우와 유방이 천하통일을 위해 다투는 이야기를 보아도 알 수 있다. 한 명은 백전백승의 초나라 항우고, 다른 한 명은 싸우는 족족 패하거나 이길 수 없으면 도망치기 일쑤였던 한나라 유방이다. 그런데 왜 결국 천하를 얻은 것은 항우가 아닌 유방일까?

항우는 비록 호탕하고 공명정대하여 많은 이들의 추앙을 받던 영웅이지만, 사람에 대한 이해를 바탕으로 사람을 쓰는 안목은 유방의 능력에 한참 미치지 못했다. 그는 대국을 보는 안목이 근시안적이었기에 친하다는 이유만으로 사람을 등용하기도 했다. 홍문연鴻門宴(홍문에서 열린 연회)에서 범증范增이 유방을 죽여야 한다고 여러 차례 암시했음에도 불구하고 항우는 유방을 없앨 기회를 잡지 않았고, 그 결과 천하는 유방의 손에 넘어갔다.

유방은 비록 농민 출신의 미천한 신분이었지만, 인재를 잘 활용할 줄 알았다. 장량, 소하, 한신 모두 그가 중용한 인물들로 이들의 충실한 보좌가 있었기에 마침내 패업을 달성할 수 있었다.

『맹자 · 양혜왕 · 하편』에는 오늘날의 관리자들이 참고할 만한 가치가 있는 용인술用人術에 관한 지혜가 많이 수록되어 있다. 맹자와 제나라 선왕의 대화를 예로 들어보겠다.

"이른바 역사와 전통이 있는 나라라고 하는 것은 오래되어 커다란 교목 나무가 있음을 말하는 것이 아니라, 대를 이어서 왕을 섬기는 신하가 있는 나라를 일컫는 것입니다. 대대로 나라를 위해 봉사하는 대신들의 운명은 국가의 운명과 함께 묶어져 있기에 나라가 오래도록 번영하고 발전할 수 있는 것입니다. 그런데 왕께서는 대를 이어서 벼슬하는 신하커녕 믿을 수 있는 가까운 신하도 없습니다. 일전에 등용한 사람이 오늘 도망간 것조차 모르고 계십니다."

옛날 왕들은 모두 자신이 신임하는 신하를 데리고 있었다. 그러나 눈치만 살살 보며 아첨을 일삼고, 충신만 총애하던 나라는 오래 가기 어려웠다. 정말 사람을 잘 쓰고 천하를 다스릴 수 있는 왕은 유방과 같은 사람이다. 자신의 능력이 부족하다는 것을 잘 알고 있던 유방은 능력이 출중한 사람을 쓰는 동시에, 그들을 스승처럼 대했다. 장량, 소하와 같은 그들의 조언을 잘 들을 수 있었던 이유도 바로 여기에 있다.

조조 역시 사람을 잘 쓰는 것으로 정평이 나 있는데, 조조의 전략은 유능한 사람을 친구로 사귀는 것이었다. 그는 많은 책략가와 명장들을 친구로 삼았다. 조조는 책사이자 친구로 여겼던 순욱荀彧44, 곽가郭嘉45 등과 같은 인물들의 도움으로 패업을 달성하였다.

그렇다면, 어떻게 해야 진정한 인재를 식별할 수 있을까?

맹자는 제나라 선왕에게 자신의 인재관을 알려 주었다.

> "주변의 가까운 신하들이 모두 현자라고 해도 아직 등용하
> 시면 아니 됩니다. 여러 대부 모두가 현자라고 말하여도 아
> 직 등용하시면 안 됩니다. 백성들이 모두 현자라고 칭송하
> 면 그제야 가서 정말 현자인지를 잘 살펴본 후에 등용해야
> 합니다."

이는 주변에서 당신을 모시는 사람들, 즉 당신의 가족, 시종 등과
같은 가까운 이들이 '이 사람이 좋다'고 해서 그 말을 믿고 인재를
등용해선 안 되고, 조정의 고위층이 '이 사람이 좋다'고 해도 그 말
을 믿고 등용해서는 안 되며, 백성들이 모두 '이 사람이 좋다'고 칭
송한다면 먼저 사람을 보내 그와 이야기를 나누고, 그의 업무 스타
일과 책략 등을 몰래 관찰하여 그에 대한 자료를 수집한 후, 그가 정

---

44 **순욱(荀彧)** : 후한 말 조조 휘하의 정치가, 책사로 사람을 보는 눈이 뛰어나 수많은 인사들
을 조조에게 추천한 인물이다. 조조는 순욱에 대하여 촉의 제갈공명, 오의 주유와 같다고
평가하였다.

45 **곽가(郭嘉)** : 후한 말의 조조가 가장 아끼던 책사로 전체적인 정세를 파악하고 조언하는 비
서형 참모였다.

말 현인임을 알게 되면 비로소 그때에야 등용해야 한다는 뜻이다.

오늘날 우리 눈에는 옛 현인들의 사람을 알아보고 선발하는 과정이 너무 복잡하고 번거롭게만 보이지만, 엄밀히 말해 이런 방법을 거치면 확실히 훌륭한 덕과 재능을 겸비한 인재를 선발할 수 있다. 그가 진짜 실력이 있고 덕을 겸비하고 있는지를 확인해 보지도 않고, 그저 누군가 사람 좋고 능력 있다고 하는 뜬 소문에 사람을 선발하거나 협력하는 것은 너무 무모한 행동이다.

그런데 여기서 결정적인 문제는 어떻게 '조사 혹은 관찰'할 것이냐는 점이다. 즉, 참된 재능과 참된 덕목을 가진 인재를 어떻게 가려내느냐다. 이는 고대에도 매우 어려운 일이었다. 그래서 공자는 다음과 같이 일렀다.

> "그 사람이 하는 행동을 보고, 그 사람이 걸어온 길을 살피고, 그 사람이 어떤 것에 만족을 느끼는지를 관찰한다면 어찌 그의 사람 됨됨이를 못 보겠는가!"

이는 공자가 자신과 마주한 사람이 어떤 사람인지 관찰하는 방법을 말한 것이다. **한 사람이 현재 하는 일을 보이는 대로 똑똑히 보고, 현재의 상태에 이르게 된 이유, 또는 동기를 꼼꼼히 따져보고, 현재의 마음 상태나 취향 등 보이지 않는 것까지 세밀히 살펴보면,**

그 사람은 숨길 것이 없다는 의미다. 단도직입적으로 말해서 한 사람의 사명, 비전, 가치관까지 명확히 파악해야 한다는 뜻이다. 맹자는 이를 파악하는 방법을 아주 간단명료하게 제시했다.

"그 사람의 눈동자를 보아라."

한 사람의 눈만 제대로 보아도 그가 어떤 생각을 하는지, 어떤 사람인지 판단할 수 있다.

그러나 오늘날 이러한 방법은 실현 가능성이 매우 낮다. 너무 주관적인 데다 사람들 대부분이 자신의 감정과 취향에 좌우되는 판단을 내리기 때문이다.

고대 역사에서 군왕들의 경험을 보아도 주관적 판단 오류가 많았고, 이로 인한 피해도 매우 컸다. 숭정황제와 원숭환의 예가 바로 여기에 해당한다.

나는 예전에 아이들을 위해 집필했던 『나도 독립적 사고를 할 수 있어요』라는 책에 대하여 언급한 적이 있다. 이 책은 아이들뿐만 아니라 부모가 반드시 읽어야 한다고 생각한다. 책에서는 많은 사람이 독립적 사고 능력이 부족해 감정에 쉽게 지배당한다고 말한다. 예를 들어, 당신 주변의 누군가에 대해 좋지 않은 평판이 들리면,

그 이야기는 당신의 머릿속에 바로 뿌리를 내린다. 그러고는 마치 나무가 여러 갈래의 가지를 뻗어가며 자라듯 편견의 가지가 뻗어나가 마구잡이로 머릿속을 헝클어 놓는다.

'만약 좋지 않은 버릇이 계속 나오면 어떻게 하지? 만약 나쁜 영향이 다른 사람까지 물들게 하면 어떻게 하지? 만약 그게 결국 내 발전에도 영향을 끼치면 어떡하지?'

이것이 바로 감정이 지배하는 사고가 우리를 좌지우지하는 것의 예시다. 당신은 이 일을 전혀 객관적으로 볼 수 없고, 이 사람이 얼마나 나쁜지 제대로 파악하지도 못한 채 선입견을 품고 상상의 나래를 편 것뿐이다. 그럴 때 오판하기 쉽다. 앞으로 이 사람이 무엇을 하고, 어떤 실적을 거두든, 아무리 좋은 일을 많이 해도 나쁘게 생각할 것이다.

그래서 진정으로 사람을 이해하고 사람을 쓸 줄 아는 사람은 일반적으로 이러한 주관적인 방법에 의존해 사람을 평가하지 않는다. 자신의 실제 필요에 따라 사람을 선택하는 시스템을 구축하는데, 이 시스템은 정밀하게 작동하는 기계와 같아서 일단 구축되면 개인의 취향이나 감정과 같은 주관적 요인에 의해 영향받지 않고 운용할 수 있게 된다.

주변인으로 판단하는
누군가의 가치

> 옛날에 요^堯임금이 하늘에 순^舜을 천거하니 하늘이 그를 받아들였고,
> 昔者堯荐舜于天而天受之,
>
> 백성들에게 순을 드러내니 백성들이 그를 받아들였느니라.
> 暴之于民而民受之.
>
> 고로 하늘은 말을 하지 않고 행위와 사실로 보여줄 뿐이라고 하는 것이니라.
> 故曰: 天不言, 以行与事示之而已矣.
>
> 『맹자^{孟子} · 만장^{萬章} · 상^上편』

예나 지금이나 모든 왕조는 제왕의 세대교체를 겪는다. 그 과정
에서 왕조의 흥망성쇠의 향방은 대부분 후대 제왕에게 달려 있다.

예를 들어, 진秦의 2대 황제 호해胡亥46는 즉위한 지 불과 3년 만에 강력했던 진나라를 멸망시켰다.

이 문제는 오늘날 많은 기업에서도 흔히 발생하는 일이다. 기업의 후계자 선택의 성공 여부는 장차 기업의 미래와 운명을 크게 좌우한다. 그래서 과거에 많은 가족 기업의 창업자들은 자신의 뒤를 이을 후계를 양성해야 하는 무거운 책임까지도 짊어져야 했다. 이렇게 양성된 2세 후계자들은 자질이 매우 우수하며, 이 중 일부는 기업을 더 높은 수준으로 끌어올렸음을 부인할 수 없다. 그러나 이와 반대의 경우도 있다. 일부 2세대 후계자는 이러한 능력이 없어 그로 인해 기업이 점차 쇠퇴하고, 심지어 완전히 몰락하여 시장에서 사라지는 경우도 종종 있다.

사실 기업을 경영하는 데 있어서 능력은 단지 중요한 요소 중 하나에 불과하다. **더 중요한 것은 경영자가 가진 인성, 즉 충忠·효孝·인仁·의義에 대한 인식과 실천이다.** 심지어 어느 면에서는 인성이 능력보다 더 중요하다고 여겨지기도 한다. 능력만 있고 덕德을 저버리면 좋은 결과를 기대하기 어렵다.

---

46 **호해(胡亥)** : 진시황제(秦始皇帝)의 막내아들로 제2대 황제로 등극하여 이세황제(二世帝)라고 한다. 세상의 모든 쾌락을 즐기며 살겠다고 말할 정도로 어리석었으며, 대규모 토목사업과 환관(宦官) 조고(趙高)의 전횡을 방임함으로써 민심을 잃어 진(秦)을 멸망의 길로 몰아넣은 인물이다.

기업을 운영하는 것뿐만 아니라 우리가 매일 사람들을 만나고 협력할 때도 마찬가지다. 나는 사람을 사귀거나 협업해야 할 일이 있을 때 판단 기준의 최우선 가치를 '인성'으로 여기고, 능력은 후순위인 경우가 많다. 능력이 아무리 출중해도 인성이 훌륭하지 않은 사람과는 사귀지 않는다. 언제 그가 나를 음해할지 모르기 때문이다. 이런 사람과 함께 일한다면 마음이 편치 않을 것이다. 반대로 능력이 다소 부족하더라도 인성이 훌륭한 사람은 일 처리를 완벽하게 하지 못한대도 그와 함께 일하면 안심할 수 있어 든든하다.

북송北宋의 정치가 사마광司馬光은 『자치통감資治通鑑』에서 "재능은 인성의 밑천일 뿐, 인성이 재능을 통솔한다."라고 한 바 있다. 사마광의 이상적인 선발과 채용 기준의 1순위는 덕과 재능을 겸비한 사람이며, 2순위는 덕은 있으나 재능이 없는 사람, 그다음이 덕과 재능이 모두 없는 사람이며, 가장 선발해서 안 되는 사람은 재능이 있으나 덕이 없는 사람이었다. 이런 사람들은 역사에서 많이 찾아볼 수 있는데 그중 순자荀子의 제자인 진秦나라의 이사李斯가 그 대표적인 예로 꼽을 수 있는 인물이다. 그가 쓴 '간축객령諫逐客令'[47]은 중국의 중학교 교과서에 실릴 정도의 대문호였으며, 또한 명필로 현재

---

47 간축객령(諫逐客令) : 진나라 사람이 아닌 사람들은 모두 진나라에서 쫓아내야 한다는 진시황의 하명을 거두기 위해 이사가 목숨을 걸고 상소한 글이다. 진시황이 감동한 중국 역대 최고의 '논설문'으로 손꼽히며 '천고의 기문'이라는 칭송을 받는다.

태산에 있는 그의 무덤 앞에는 그가 남긴 글씨가 남아있다. 그러나 이 사람은 덕이 없었다. 그는 자신의 부귀영화를 위해 환관 조고趙高가 진시황의 큰아들 부소扶蘇와 몽염蒙恬 장군을 죽이는 것에 가담하여 호해胡亥를 진나라 2대 황제로 세워 결국 대진 왕조가 몰락하는 데 일조했다. 따라서 사마광은 사람을 고용할 때 먼저 덕을 구해야 하며, 재능과 덕을 모두 갖추지 못할 바에는 차라리 '인재를 버리고 덕을 택해야 한다'라고 주장한 것이다.

하지만 여기서 한 가지 문제는 사람의 능력은 그의 업무 수행과 업무 스타일 등을 통해 드러날 수 있지만, 품성은 매우 깊이 숨겨져 있어 식별이 쉽지 않다는 것이다. 이럴 때 우리는 어떻게 해야 할까?

이 문제에 대해서는 맹자와 그의 제자 만장萬章이 논의한 적이 있다.

만장이 맹자에게 물었다.

"요堯가 천하를 순舜에게 맡긴 일이 있습니까?"

"그렇지 않다. 천자는 천하를 남에게 넘겨줄 권리가 없느니라."

"그렇다면 순이 얻은 천하는 누가 준 것입니까?"

"하늘이 주신 것이다."

"하늘은 어떻게 그에게 천하를 맡겼습니까? 반복해서 신신당부하며 맡긴 것입니까?"

"그렇지 않다. 하늘은 아무 말도 하지 않고 행위와 사실로 보여줌으로써 표현했느니라."

만장은 이어 어떤 행동과 사실로써 표현한 것이냐고 되물었다. 그러자 맹자가 이렇게 대답했다.

"옛날에 요임금이 하늘에 순을 천거하니 하늘이 그를 받아들였고, 백성들에게 순을 드러내니 백성들이 그를 받아들였다. 이 때문에 하늘은 말하지 않고도 행위와 사실로 보여줄 뿐이라고 하는 것이니라."

이는 요가 한 일은 그저 순을 내세워 보여줄 기회를 준 것을 하늘이 받아들인 것이며, 천하의 백성들이 순을 잘 살펴보고 받아주는 것을 보고 하늘이 말하지 않고도 행동과 사실로써 뜻을 드러낸 것이라는 의미다.

만장은 이어 되물었다.

"그렇다면 하늘과 백성이 순을 받아들인 후에 구체적으로 어떤 일이 있었습니까?"

"순에게 제사를 지내게 하면 모든 신명이 와서 먹고, 정무를 주관하게 하면 모든 일이 질서정연하게 처리되어 백성도 편안하게 살 수 있었느니라. 이런 사실들을 통해 보면 하늘과 백성이 순을 받아들였다는 것을 알 수 있는 것이라."

이 담화를 통해 우리는 한 사람의 인성과 품행에 덕이 있는지, 또는 덕과 재능을 모두 겸비하고 있는지를 식별하는 가장 직접적인 방법이 주변 사람들의 행동을 보는 것임을 알 수 있다. 만약 회사의 대표를 예로 들면, 그의 직원들이 그를 어떻게 보는지, 회사의 운영 상태와 발전 전략은 어떤지를 보면 된다. 만약 그 회사의 대표와 동업 할 계획이라면 주변 사람들이 그를 어떻게 평가하는지, 모두가 그를 신뢰하고 공감하는지 봐야 한다. 이를 통해 그 사람의 인품과 능력의 구비 여부를 판단할 수 있다.

보이지 않는 장점도 끌어낼 수 있는
긍정의 힘

🌿

> 현자가 되어야 이러한 것을 즐길 수 있는데,
> 賢者而后乐此,
>
> 아직 현자가 되지 못한 자는
> 비록 이러한 것이 있어도 즐기지 못하는 것입니다.
> 不贤者虽有此, 不乐也.
>
> **『맹자**孟子 **· 양혜왕**梁惠王 **· 상**上**편』**

먼저 하나의 장면을 상상해 보자.

탁자 위에 중간 굵기의 밧줄이 일자로 놓여 있다. 어떤 도구도 사용하지 않고 놓여 있는 모양 그대로 밧줄을 앞으로 이동시켜야 한다. 어떤 방법이 있을지 생각해 보자. 먼저 뒤에서 앞으로 미는 방법과 앞에서 당기는 방법이 있다. 엄밀히 말하면 사실 어떠한 기술도 전혀 필요치 않은 간단한 원리이기에 우리는 두 가지 방법을 실행했을 때의 결과를 쉽게 유추할 수 있다. 밧줄은 고정된 힘이 없는 물체라 뒤에서 밀면 모양이 다 흐트러져 원하는 효과를 얻을 수 없다. 그러나 앞에서 당기면 간단히 목표를 달성할 수 있다.

나는 어떤 문제의 해결을 위한 방법을 이야기하고 싶어 이 예를 들었다.

다른 사람과 함께 일할 때 상대방은 이 밧줄과 같아서 당신이 뒤에서 미는 행위(비판, 비난, 독촉 등)는 근본적으로 문제를 해결하지 못할뿐더러 심지어는 상대방에게 불만을 품게 하고 일할 의욕을 잃게 만들 수 있다. 그러나 당신이 상대방을 끌어당기는 행위, 즉 상대방이 어떤 일에 특화된 능력이 있는지 알려 주거나, 또 앞으로 나아가는 데 들이는 노력이 결국 자기 능력을 끊임없이 향상하는 것임을 깨닫도록 적절한 방법을 찾아 자극한다면 상대는 놀라운 힘을 뿜어내기도 한다.

모든 사람은 자존심[48]이 있다. 자존심은 기분 상태를 말하며 좋은 결과 또는 나쁜 결과에 따라 자극되는 감정이다. 예를 들어, 당신이 파트너에게 인정받으면 기쁜 마음이 들면서 더욱 의욕이 생기고,

반대로 타인에게 지적을 받으면 기분이 가라앉고 능률이 떨어진다.

우리가 다른 사람의 실력을 끌어올려야 할 때도 마찬가지다. 항상 남의 잘못과 부족한 점에 초점을 맞추면서 이것은 잘못했고, 저것은 부족하다고 비난하는 등 자존심을 상하게 하면서 일을 밀어붙이려고 하면 바라던 효과는 달성할 수 없을 뿐만 아니라, 오히려 역효과가 나서 일에 대한 의욕과 동기마저 잃게 만들 수 있다.

매튜 맥케이Matthew McKay와 패트릭 패닝Patrick Fanning의 공저 『자존감Self-Esteem』이라는 책에서는 자존감은 한 사람에게 자율성을 가져다줄 수 있다고 말한다. **만약 당신이 누군가의 장점을 찾아 긍정적인 반응을 보이며 더 잘할 수 있을 것이라는 무한 신뢰를 준다면, 그는 이를 바탕으로 눈부신 성장과 발전을 이뤄낼 것이다.**

'판덩독서'는 완벽하진 않아도 종종 외부 행사를 추진한다. 일전에 산시陝西에서 있었던 일인데 당시 추진했던 행사의 피드백이 좋지 않았고, 많은 고객이 불만을 제기했다. 산시 지역 회장도 팀원들

---

48 자존심(自尊心): 심리학 용어 사전에 의하면 자존심은 상대방과의 평가를 통해 자기 만족감을 얻는 것이다. 비슷한 용어로 자아존중감과 자부심이 있다. 스스로 존중한다는 의미에서 유사하나 존중의 원천에 차이가 있다. '자아존중감'은 외부 상황과 관계없이 평생 이어지는 스스로에 대한 존중감이다. '자부심' 역시 상황에 따라 나타나는 일시적인 자기 만족감으로, 특히 자신의 능력이나 노력을 통해 좋은 성과가 나타났을 때 나타나는 긍정적인 자기 평가다.

과 문제를 분석하고 해결책을 찾아 고객의 불만을 줄일 것을 제안했다.

"나는 그 행사에 분명 문제가 있었다는 걸 알아요. 그러나 행사를 준비하면서 쏟은 그들의 열정을 먼저 보아야 합니다. 경험이 부족한 것은 상관없어요. 차근차근 쌓아가면 되니까요. 그러나 업무에 대한 의욕은 소중하기 때문에 한 번 충격을 받아 의욕을 잃으면 오랫동안 회복하기 어렵습니다. 만약 행사를 주관하던 팀에 작은 문제가 생겼다고 해서 회의를 열어 그들을 비난한다면 그 후 그들은 스스로 행사를 주관할 능력이 부족하다고 느껴 다시는 유사한 업무에 감히 뛰어들지 못할 것입니다."

이후 나중에 상하이에서 이 행사를 주관했던 팀의 일원을 만났다.

"당신의 행사를 추진하는 능력은 훌륭하고 시기적절했어요. 업무 능력이 일취월장하는 것 같아 보여 좋습니다."

그는 송구스러워하며 답했다.

"지난번 고객 반응이 좋지 않았던 것을 잘 알고 있습니다. 다음번에는 더 철저히 준비해서 행사를 더 잘 치르겠습니다."

이것만 보아도 알 수 있다. 먼저 상대방을 존중하고 인정해야 상대방도 동기부여가 되어 적극성을 가지고 일을 더 잘할 수 있다.

칭찬은 고래도 춤추게 할 수 있듯이 문제를 지적하는 것보다 칭찬으로 상대를 더 자발적으로 움직이게 만들 수 있다. 그래서 훌륭한 파트너는 인간의 본성 자체를 잘 이해하고 믿는 사람이다. 이런 사람은 언제나 더 나은 방향으로 나아가기를 원한다. 따라서 다른 사람의 단점을 보고 싶어 하는 본능을 억제하고, 다른 사람에게서 빛나는 장점을 발견해서 이를 칭찬하고 더욱 강화하는 것을 잘 배워야 한다. 이렇게 해야만 상대방은 끊임없는 긍정적 피드백 속에서 자신의 노력 방향을 명확히 할 수 있고, 더 적극적이고 더 자율적인 자세로 자신이 맡은 바 책임을 질 수 있다.

쓴소리를 단소리로
들을 줄 아는 사람이 귀인이다

임금에게 어려운 일을 간언하는 것을 공恭이라 하고,
责难于君谓之恭,

선한 것을 아뢰어 사특한 것을 막는 것을 경敬이라 하며,
陈善闭邪谓之敬,

우리 임금은 무능하다고 말하는 것을 적賊이라고 하니라.
吾君不能謂之賊.

『맹자孟子 · 이루離婁 · 상上편』

"사람은 솔직한 진실보다 아름다운 거짓말 백 마디를 듣고
싶어 한다."

셰익스피어William Shakespeare는 〈리어왕King Lear〉에서, 담담한 막내 코딜리어Cordelia의 진실한 사랑보다, 아름답고 화려한 거짓 사랑을 말하는 두 딸의 고백을 더 믿는 리어왕을 통해 화려한 거짓에 매료되는 인간의 본성을 담아냈다.

우리는 살아가며 다양한 사람들을 만나게 되고, 또 그들의 입을 통해 수없이 많은 말들을 듣게 된다. 이 중에서 어떤 말은 걸러 들어야 하고, 어떤 말은 귀담아들어야 하는지 판단해야 한다. 그런데 이 일을 잘하기 위해서는 많은 경험과 에너지가 필요하다. **인간관계 속에서 만나기 어렵지만 정말 소중한 기회는 누군가가 당신을 비판하고 잘못을 지적해 주는 것이다.** 나는 항상 누군가가 감히 당신의 잘못과 결함을 단도직입적으로 지적하는 상황이 생긴다면 화를 내지 말고 그 사람을 정말 소중히 여겨야 한다고 생각한다. 오늘날처럼 냉혹한 사회에서 자신에게 손해가 될 상황을 절대 만들면 안 된다는 것을 다들 잘 알고 있는데, 진심으로 아끼고 걱정하고 신경 쓰는 게 아니라면 누가 당신에게 이런 힘겹고 듣기 싫은 쓴소리를 하겠는가?

유감스럽게도 현재 우리 사회의 사람들 대부분이 자신을 추켜세워 주는 아첨하는 말만을 듣고 싶어 한다. 누구나 진실을 원한다고 하지만, 막상 진실과 부닥치면 부인하고 외면하려는 쪽이 많다. 한마디로 인간은 진실을 원하는 것이 아니라, 자신이 원하는 진실만 보려고 한다는 뜻이다. 특히 신분과 지위가 있는 사람들은 이런 아첨에 능한 사람들과 교류하기를 더 좋아한다. 회사에서 아첨하기 좋아하는 사람들이 가장 잘하는 일은 상사에게 듣기 좋은 말만 하고, 상사의 공적을 자랑해 주며, 모든 실적을 상사에게 돌려주는 것이다. 물론 어떤 사람들은 그것을 유용하게 사용한다. 윗사람들은 좋은 기회가 있을 때 이런 사람들을 먼저 떠올리기 때문이다. 이런 현상이 과연 바람직하다고 할 수 있을까?

　우리는 이 현상이 완전히 나쁘다고는 할 수 없지만, 한 사람의 능력 향상과 발달에 매우 치명적임을 이미 잘 알고 있다. 만약 한 나라에서 왕의 주위에 아부하는 신하들만 있어 왕이 무엇을 하든 결코 잘못된 것이라 말하지 않으며 나쁜 일을 바른대로 알리지 않고, 나라가 부강해서 백성들이 태평성세를 누리고 있다는 거짓말을 일삼는다면 어떤 결과가 초래되겠는가? 역사를 공부한 사람들은 이미 다 알겠지만, 한 나라가 이런 모습이라면 망국이 되는 건 시간문제다.

　『맹자·이루·상편』에 이렇게 이른다.

"임금을 섬기는데 의리가 없고, 임금 앞에 나아가고 물러섬에 예의가 없으면서, 선왕의 도가 아니라고 비난하는 것은 그저 떠들기만 하는 것이다."

이는 신하 된 이가 임금 앞에서 말만 잘 들으면 의리가 없는 것이고, 임금을 보좌할 때 잘못을 바로 이르지 못하고 자신의 청렴도 지키지 못하면 예의가 없다는 뜻이다. 또한 맹자는 이렇게 덧붙였다.

"임금이 어려운 일을 하게 하는 것은 선정을 베풀기를 바라는 것이므로 '공恭'이라고 하고, 임금이 선을 많이 베풀고 악한 일을 하지 못하게 막는 것은 공손하게 받들어 모시는 것이므로 '경敬'이라고 하는데, 이렇게 하지도 않으면서 임금이 무능하다고 말하는 것은 바르지 않으므로 '도둑賊(적)'이라고 한다."

이는 신하가 임금에게 어진 정치를 하라고 쓴소리하는 것은 선정을 베풀게 하기 위함이니 공경이고, 왕에게 좋은 의견을 말하여 악한 생각을 막는 것은 존중이다. 그러나 이렇게 하지도 못하면서 임금을 비난만 하는 것은 왕을 해치는 것이라는 말이다.

신하로서 자신의 영달만 추구한다면 그것은 임금에 대한 진정한 공경이 아니다. 진정한 공경은 맹자가 양혜왕과 등문공에게 했던 것처럼 왕에게 더 높은 이상을 요구하고 왕이 이를 행하도록 청해야 한다.

북송 시대에 범중엄范仲淹이 재상을 맡고 있을 때였다. 당시 장쑤江蘇 지역에서 작은 반란이 일어났고, 한 반역자가 고우高郵현을 공격했다. 조중약曹仲約은 당시 고우현의 현감이었는데 반군의 세력이 너무 강하여 성 안의 병력만으로 감당할 수 없다고 판단했고, 감히 출병하지 못했다. 그래서 은밀히 반역자들에게 거금을 주고 고우현을 공격하지 말 것을 회유했다. 반역자는 돈을 받은 후, 약속한 대로 고우현을 떠나 다른 지방으로 갔다.

얼마 후 이 사실이 조정에 알려지자, 송나라 인종과 신하들은 분노했다. 특히 인종은 화를 참지 못하고 조중약을 참수하려 했다. 송 인종이 조중약을 처형하라는 칙령을 내렸으나 범중엄은 이에 동의하지 않고 조중약이 잘못은 있어도 목을 쳐 죽일 정도는 아니라고 칙령을 물릴 것을 강하게 청하였다.

신하들이 범중엄의 청을 이해하지 못하자 조중약이 잘못한 것은 맞지만, 그 죄질이 처형당할 만큼은 아니라고 설명했다. 또 이와 함께 황제는 아직 젊은데 앞으로 일이 잘못되었다고 해서 신하를 처형하는 습관에 젖게 되면 신하 중 누구라도 자기 목숨을 보전할 수 없게 될 것이라고 설득하였다.

이것이 바로 왕이 악한 생각을 하지 못하게 막는 것이다. 왕이 잘못했으면 분명히 지적하고 충고해야 한다. 설령 왕의 분노를 사게 되더라도 절대 물러서지 않는 것, 그것이 바로 왕에 대한 진정한 공경이다.

반대로 신하가 왕을 받들 줄만 알고, 잘못을 알고도 바로잡지 않는다면 이것은 왕을 위하는 것이 아니라 전혀 쓸모없는 사람이라 대업을 도모할 수 없다고 여기는 것이다. 이런 행위는 결과적으로 군주를 해친다.

다시 현재의 삶과 업무로 돌아가면, 좋은 말을 듣거나 아부하는 말을 하는 것은 누구나 할 수 있을 정도로 쉬운 일이다. 그러나 진정한 의견과 건의를 듣는 것은 쉽지 않다. 보통 사람들은 자신의 이익에 직접적인 영향을 받지 않는 경우 스스로 문제 일으키기를 꺼리는 보신保身주의적 태도를 가지고 있다. 이럴 때 당신은 당신의 잘못을 지적해 주는 사람에게 원한을 품기는커녕 오히려 감사해야 한다. 상대방이 자신의 사리사욕을 채우기 위해 혹은 고의로 당신을 곤란하게 하는 것이 아니라면, 그가 제시한 의견이 매우 가혹하고 듣기 거북할 정도로 약점을 찌른다고 하더라도 상대방을 원망해서는 안 된다. 친구를 위해 진심으로 단점을 지적할 수 있는 사람은 요즘 세상에 드물기 때문이다.

한 걸음 더 나아가, 지도자의 위치에 서려면 너그러운 관용과 타인의 비판을 겸허히 수용하고 받아들이는 배포를 가져야 한다. 그뿐만 아니라 사람을 선발함에 있어서는 항상 칭찬만 하는 직원만

쳐다보지 말고, 당신에게 유익한 의견을 제시하고 더 높은 요구 사항을 제시하는 직원, 심지어 당신에게 대항할 수 있는 직원을 최대한 중용해야 한다. 만약 당신이 마음이 좁아서 다른 의견을 가진 사람을 용납하지 못한다면 분명 좋은 사람들은 당신 곁에 머물지 않을 것이다. 그러면 당신 주변에 정말 유능한 사람들은 자취를 감추게 될 것이고, 그동안 조직의 발전을 꾀하며 했던 모든 노력은 공염불이 될 것이다.

약은 약사에게,
진료는 의사에게

대인이 할 일이 있고 소인이 할 일이 따로 있습니다.

有大人之事, 有小人之事.

한 사람의 몸에는 모두 행하는 바가 하는 일이 갖추어져 있으니,

且一人之身, 而百工之所为备,

만약 반드시 자기가 만든 후에야 쓰고자 한다면,

如必自为而后用之,

이는 천하의 백성을 길거리로 끌어내 분주하게 하는 것입니다.

是率天下而路也.

『맹자孟子 · 등문공滕文公 · 상上편』

중국 TV 프로그램 중 〈삼촌네 식당大叔小館〉이란 방송이 있다. 윈난雲南 지역의 음식 문화를 매개체로 골목의 정경과 서민들의 실제 생활을 통해 다리大理 지역의 독특한 풍토와 문화, 그리고 역사를 생생하게 표현한 프로그램이다. 중국의 유명한 연예인 멍페이孟非, 궈더강郭德綱 등을 포함한 4명의 남자가 함께 실제로 바비큐 식당을 운영하는 모습을 보여주었다. 프로그램 도입부에는 여러 명이 각자 요리 솜씨를 뽐낼 수 있는 코너가 있다. 자신들이 가장 잘하는 요리 몇 가지를 선보이고, 그중 맛있는 요리를 메뉴에 올리는 내용이다. 경연 결과, 경험 부족 탓에 모두 요리에 실패하여 식당 메뉴에는 하나도 올릴 수 없었다. 나중에 해결 방안을 상의한 끝에, 차라리 전문 꼬치 제조업체에서 직접 반조리 제품을 사서 조리 후 손님에게 올리는 것으로 뜻을 모았다.

나중에 궈더강은 반조리 제품을 구매하는 것이 가장 합리적인 결정이었다고 말했다. 그들은 아마추어나 심지어 아마추어라고 할 수도 없는 사람들이었는데 어떻게 바비큐와 같은 전문적인 요리를 잘할 수 있었겠는가?

많은 사람이 바비큐에 전문성이 필요치 않다고 생각할 수도 있다. 하지만 실제로 많은 바비큐 식당에서는 전문 꼬치 제조업체가 만든 반제품을 직접 구매한다. 바비큐를 만들기 위한 모든 공정을 직접 하다 보면 비효율적일 뿐만 아니라, 사장이 먼저 지쳐서 손님을 접대할 여력이 없어지기 때문이다. 그렇게 되면 득보다는 실이 더 많아진다.

이것은 우리가 일을 할 때 전문적인 일은 전문가에게 맡기는 법을 배워야 한다는 것을 일깨워 준다. **우리는 단지 내가 가장 잘하고 반드시 해야 하는 일을 잘 해내면 된다.**

그렇지 않으면 우리는 일을 잘할 수 없을 뿐만 아니라, 일을 더 악화시킬 수도 있다.

> "진리를 들음에 있어서 앞서는 것과 뒤처지는 것이 있고, 기술과 학업에도 전공이라는 것이 있기에 이와 같은 이치일 따름이다."

당唐나라의 한유韓愈[49]는 일찍이 이 이치를 잘 알고 있었다.

사실 한유뿐 아니라 그보다 앞선 시대의 맹자도 이를 잘 알고 있었다.

『맹자 · 등문공 · 상편』에는 등문공이 어진 정치를 실시하자, 초

---

49 **한유(韓愈)** : 당송 8대가(唐宋八大家)의 한 사람으로 당(唐)을 대표하는 문장가, 정치가, 사상가다.

나라의 진상陳相이라는 사람이 등나라로 망명하여 등문공 휘하로 들어왔다고 기록되어 있다. 등문공이 국정을 다스리는 것을 본 진상은 맹자를 찾아와서 등문공도 현군이라 할 수 있지만 아직 진정한 대도를 모르니 등나라를 잘 다스리는 것은 힘들지 않겠냐고 투덜거렸다. 맹자가 무엇을 보고 그리 생각하게 되었는지 그 이유를 물었다.

"등나라 임금은 현군입니다. 그러나 아직 올바른 도를 깨우치진 못했습니다. 진정한 현군은 백성들과 나란히 함께 일하고 함께 밭을 갈며, 아침과 저녁은 모두 스스로 지어 먹으면서 정치를 하는 것입니다. 그러나 지금 등나라 재물 창고에는 식량과 재물이 가득 보관되어 있는데, 이는 모두 백성들의 고혈입니다. 이것은 백성의 이익을 해하는 일이 아니겠습니까? 그렇지 않으면 어떻게 이렇게 부유할 수 있습니까?"

진상의 당시 스승은 허행許行이라는 사람이었으므로 맹자는 그의 말을 듣고 진상에게 반문하였다.

"당신의 스승 허행이 매일 먹는 식량은 자신이 직접 재배한 것인가? 그가 입고 있는 옷, 쓰고 있는 모자, 밥 짓는 가마솥, 곡식을 심는 호미와 같은 도구도 모두 직접 만든 겐가?"

진상이 답했다.

"식량은 선생님께서 직접 재배하시고, 음식도 선생님께서 직접 만드셨지만, 나머지는 다른 사람과 교환하거나 사 온 것입니다. 밭가는 일로 바쁘신데 선생님께서 그런 일까지 하실 시간이 어디 있겠습니까?"

이에 맹자가 진상에게 차분히 이렇게 말했다.

> "당신의 스승이 밭을 갈면서 천을 짜고 쇠를 치고 도자기를 만들 수 없다면, 나라를 다스리는 왕이라고 밭을 갈면서 정치를 할 수 있겠는가? 무릇 대인이 할 일이 있고, 소인이 할 일이 따로 있는 법이네. 한 사람의 몸에는 모두 행하는 바와 할 일이 갖추어져 있으니, 만약 반드시 모든 것을 자기가 만든 후에야 쓰고자 한다면, 이는 천하의 모든 백성을 길거리로 끌어내 분주하게 만드는 것과 같은 이치라네."

이는 사회는 원래 분업화되어 있어 관리가 관리로서 해야 할 일이 있고, 백성은 백성으로서 할 일이 있는데, 무엇이든지 스스로 생산하여 사용하고자 한다면 온 천하의 사람들이 바빠서 쉴 수가 없을 것이란 뜻이다.

고대나 현대를 막론하고 어느 누구도 혼자서 모든 일을 다 할 수는 없다. 진상의 생각은 사실 원시 사회에 머무른 것과 같다. 사회는 끊임없이 발전해 왔으며, 삶이 풍요로워진 오늘날에는 한 가지 일을 완성하는 데에 수십, 수백 명이 협력해야 할 수도 있다. 예를 들어, 우리가 차를 한 대 산다고 하자. 당신은 이 차가 한국산인지 중국산인지 확실히 말하기 어려울 것이다. 현재 국제 무역의 거의 70%가 부품 무역이기 때문이다. 이 차는 비록 한국에서 조립되었지만, 부품은 전 세계 각지에서 운반됐다. 세계 각국의 기업과 사람들이 협력하여 각종 첨단 기술을 한곳에 모아야 비로소 완전한 자동차 한 대를 만드는 게 가능하다.

인생을 경영할 때도 그렇다. 우리 스스로 할 수 있는 일이 많을 수도 있지만 혼자서 모든 일을 다 할 수는 없다. 누군가는 요리를 잘하는데 채소를 재배할 줄 모른다거나, 투자를 잘하는데 기술을 잘 모를 수도 있다. 마윈馬雲[50]은 자신이 마화텅馬化騰[51]이나 리옌훙[52]만큼 기술을 이해하지 못하기 때문에 기술이 가장 뛰어난 사람을 채용하는 것을 선호한다고 말한 바 있다. 마윈은 자신이 기술을 모른다는 걸 알기 때문에 기술자가 결정을 내릴 때 간섭하지 않고 과감하게 권한을 부여한다. 또한 견고한 신뢰를 바탕으로 전폭적인

---

50 **마윈(馬雲)** : 중국 알리바바 그룹의 창업자로, 항저우 사범대학을 졸업한 영어 교사 출신의 기업가다.
51 **마화텅(馬化騰)** : 중국 텐센트 기업의 창업자로, 선전대학 컴퓨터학과를 졸업한 소프트웨어 엔지니어 출신의 기업가다.
52 **리옌훙(李彦宏)** : 중국 검색 엔진 서비스 회사인 바이두(百度)의 창업자다. 베이징 대학에서 전자계산학과를 졸업한 엔지니어 출신 기업가다.

지원을 퍼붓는다고 했다.

어떤 일을 하든지 이런 정신을 가지고 해야 한다. 인간의 능력에는 한계가 있고, 할 수 없는 일도 분명히 있다. 아무리 애를 써도 결국 잘 해내지 못하는 일이 있다는 걸 알아야 전문가를 찾아서 일 처리에 좀 더 완벽성을 기할 수 있다.

하지만 현재 많은 사람이 이를 깨닫지 못하고 있다. 일례로 나를 포함한 많은 스타트업의 대표들도 이와 비슷한 실수를 한 경험이 있다. 그때의 나는 다른 대표들과 마찬가지로 직원들에게 무슨 일을 맡기려 하면 안심할 수가 없었다. 모든 일을 직접 참여하고, 지적하고 싶었다. 하지만 시간이 흐르고 나서야 알게 되었다. 직원들은 오랫동안 현장에 있었기 때문에 일 처리 방법에서나 전략적인 면에서 나보다 훨씬 낫다는 걸 말이다. 이것은 나에게 전문적인 일은 전문가가 수행하도록 내버려 둬야 한다는 것을 깨닫게 해주었다. 그들은 기술적인 면에서 확실히 나보다 탁월했다. 내가 대표로서 해야 할 책무는 모든 일을 직접 하는 것이 아니라 적절한 방법으로 그들의 열정을 북돋아 그들이 자신의 전문 능력을 더 잘 발휘할 수 있는 환경을 제공하는 것이다.

그래서 맹자는 나중에 진상에게 이런 말을 덧붙였다.

"어떤 이는 마음을 수고롭게 쓰기도 하고, 또 어떤 사람은 몸을 수고롭게 쓴다네. 마음을 수고롭게 쓰는 사람은 남을 다스리고, 몸을 수고롭게 쓰는 사람은 남에게 다스림을 받지. 남에게 다스림을 받는 사람은 남을 먹여주고, 남을 다스리는 사람은 남의 것을 얻어먹는 것이 세상에 통용되는 이치라오."

이는 어떤 사람은 머리를 쓰고 어떤 사람은 체력을 쓰는데, 머리를 쓰는 사람은 관리자의 위치에서 관리하고, 체력을 쓰는 사람은 관리받는 위치에 있기에 관리받는 사람이 관리자를 먹여 살리는 게 이 세상이 돌아가는 원리임을 말한다. 간단히 말해서, 전문가는 전문적인 일을 하고, 모두가 합리적으로 조정된 각자의 위치에서 책임을 다해야 최고의 효과를 얻을 수 있다는 뜻과 같다.

孟子

격발화석방타인적선의
激发和釋放他人的善意

5장

인간의 선한 본성을 깨워

분출케 하라

성공의 문을 여는
가장 중요한 열쇠는 화합이다

> 하늘이 주는 좋은 때는 지리적 이로움만 못하고,
> 天时不如地利,
>
> 지리적 이로움도 사람의 화합만은 못하느니라.
> 地利不如人和.

『맹자孟子 · 공손추公孫丑 · 하下편』

궁위전宮玉振 교수가 쓴 『호전가들의 이야기: 손자병법의 12가지 승리의 법칙』에 따르면 지상 전투에서 가장 중요한 다섯 가지는 천天, 지地, 도道, 법法, 장將으로 이를 '오세五勢'라고 부른다. 그 중 '천天'은 하늘, 즉 전쟁을 치를 가장 적절한 시기를 뜻하며 불확실성이 매우 높아 가장 파악하기 어렵다. '지地'는 땅, 즉 차지하고 있는 지세를 뜻하는 것으로 높은 곳에 진을 치고 주변에 수원을 확보하는 것 등을 말한다. '도道, 법法, 장將'은 사람의 화합을 말하며, 그중 '도'는 상하가 한마음으로 추구하는 사명, 비전, 가치관을 의미하고, '법'은 지휘법, 즉 일정한 목적이나 방향으로 이끄는 지도력의 수준을 의미한다. '장'은 장수와 지도자를 의미하므로, 전군이 한마음 한뜻으로 단결하고, 장수의 적절한 통솔과 하늘과 땅의 도움이 있으면 전쟁에서 이길 수 있음을 뜻한다.

그러나 하늘의 시기와 땅의 지세가 전쟁에 미치는 영향은 하루아침에 생겨난 것이 아니다. 여전히 우리 인력으로서는 좌우할 수 없는 것이 많다. 승리의 열쇠는 바로 지금 우리가 할 수 있는 역할을 하는 것인데, 이것이 바로 인화人和(사람과 사람 사이의 화합)이다. 하늘과 땅의 도움이 모두 완벽하더라도 적이 왔다고 모두 성을 버리고 삼십육계 줄행랑을 친다면 이는 인화를 이루지 못해 실패한 것이다. 그래서 『맹자·공손추·하편』에 이렇게 일렀다.

"하늘이 주는 좋은 때는 지리적 이로움만 못하고, 지리적 이로움도 사람의 화합만은 못하느니라."

이는 전쟁을 수행하는 데 비, 바람, 안개 등 하늘이 돕는 때가 아무리 아군에게 유리하다 할지라도 적이 우리보다 유리한 지형을 차지하고 있으면 승리할 수 없고, 하늘의 때와 지리적 이점도 사람의 화합에 비할 바는 못 된다는 뜻이다.

맹자는 이를 입증하기 위해 '도를 얻으면 돕는 자가 많아지고, 도를 잃으면 돕는 자가 적어진다'라는 말을 통해 전쟁에 있어 '인화'의 중요성을 강조했다. 모든 사람의 지지를 얻을 수 있는지는 도의 부합 여부에 달려 있다. 즉, 당신의 사명, 비전, 가치가 '사람'이라면 그게 마땅히 걸어야 할 길의 방향과 일치하는가에 달렸다. 만약 당신의 '도'가 모두의 '도'에 부합하지 않는다면, 당신은 사람의 지지를 잃고 아무도 당신을 돕지 않을 것이다. 심지어 가까운 친척들마저도 당신을 반대할 것이다. 반대로 당신의 '도'가 모두의 '도'와 일치한다면 당신을 돕는 사람은 자연히 많아질 것이고, 당신을 돕는 사람의 수가 최대치에 달하면 세상 사람들 모두가 당신을 따르게 될 것이다.

화이하이 전투淮海战役를 다룬 〈집결호集結號〉라는 영화를 본 적이 있다면 화이하이 전투가 끝난 후 천이陳毅 원수가 했던 유명한 대사를 기억할 것이다.

"화이하이 전투의 승리는 국민이 작은 수레로 이뤄낸 것입니다."

전쟁을 치르는 데는 많은 식량과 탄약 보급이 필요하다. 국공내전 당시 중국 공산당 군대가 보유한 교통수단으로는 병참선을 확보하기 어려웠다. 시민들이 자기 집의 작은 수레까지 끌고 와서 하나하나 전선으로 물자를 실어 날라 도와주었기 때문에 화이하이 전투에서 승리할 수 있었다. 이것이 바로 도와주는 사람이 많으면 천하가 저절로 따른다는 사례다.

물론 예나 지금이나 화합하지 못해 실패로 귀결된 예시는 많다.

인생은 마치 전쟁터와 같다. 사람이 무언가를 성취하려면 전쟁을 치르는 것과 마찬가지로 천시天時, 지리地利, 인화人和를 중시해야 한다. 그중 하늘은 외부의 큰 환경, 큰 시대적 조류에 해당한다. 지리적 이점은 지리적 요소와 지역 자원을 최대한 활용하여 지역 이점 극대화를 통해 자체 핵심 경쟁력을 키우는 것과 같다.

마지막이자 가장 중요한 것은 바로 인화다. '인화'가 의미하는 것은 사람 사이의 흡인력吸引力이다. **서로를 끌어당기는 힘으로 사명, 비전, 가치관이 같은 사람들이 모여 도모할 때 그 일은 성공할 확률이 훨씬 높아진다.**

'판덩독서'의 창업 계기를 묻는 사람이 있다. 사실 2017년에 설립한 '판덩독서'의 모든 성공의 뒤에는 『안티프래질』이라는 책의 뒷받침이 있었다. 『안티프래질』의 내용은 다음과 같다.

모든 사람과 조직은 언제든 예상치 못한 일이 일어날 수밖에 없다는 전제하에 어떤 상황에서라도 이익을 얻을 수 있는 조건을 갖춰야 한다. 이 이면의 논리는 시스템의 안정성은 하위 시스템의 불안정성을 기반으로 한다는 것이다. 구체적으로 회사는 관대한 태도를 견지해야 하고 조금 과장해서 표현하자면, 심지어는 모든 직원이 '빠른 실패'를 하도록 지지해야 함을 말한다. 즉, 최소한의 비용을 들여 지속적인 시도를 통해 다음의 더 큰 성장 동력을 얻어야 한다는 뜻이다. 다시 말해 가능한 한 적은 노력으로 최대의 이익을 추구하라는 것이다.

따라서 '판덩독서'의 모든 직원은 회사의 주인과 같은 권리를 누리게 하고 있다. 직원에게 경영자의 마인드를 함양하고 창의성을 자극할 수 있도록 아낌없는 지원을 퍼붓는 중이다.

믿지 않을지도 모르겠지만, '판덩독서'에는 90년대 이후 출생한 직원이 300여 명에 이른다. 그러나 이들 중 복리후생 등에 대한 불만을 토로한 사람이 거의 없다. 그 이유는 그들이 모두 자신이 매우 의미 있는 일을 하고 있다는 것을 알고 있기 때문이다. 그들은 우리 그룹이 더 강해지면 언젠가 그들도 독립해서 창업하여 '판덩독서'의 생태계 내에서 하나의 생명체가 되기를 희망하고 있다.

한 회사에 속해있는 모든 구성원이 창업자 또는 협력사의 상태로 존재하는 것, 이것이 바로 '인화'의 현대적 구현 방식이다. 모든 사람의 힘을 하나로 뭉쳐 하나의 목표 달성을 위해 함께 노력하는 것, 그것이 바로 성공의 문을 열 수 있는 가장 중요한 열쇠이다.

군주의 덕목은 바람, 소인의 덕은 풀과 같다

임금이 어질면 어질지 않은 사람이 없고,

君仁莫不仁,

임금이 의로우면 의롭지 않은 사람이 없으며,

君义莫不义

임금이 바르면 바르지 않은 사람이 없다.

君正莫不正.

한번 임금을 바르게 하면 나라가 안정되느니라.

正君而国定矣.

『맹자孟子 · 이루離婁 · 하下편』

"한집에 똑같이 사는 두 식구인데 사람 구실이 어쩜 이렇게 다를 까요?"

이는 단막극 〈유괴〉에 나온 유명한 대사다. 단막극에 나온 단순 한 대사일 뿐이지만 진실성이 담겨 있다. 실생활에서 사람과 사람 사이에는 확실히 다른 정도의 차이가 있어서 똑같은 문제에 직면한 다 해도 모든 사람의 선택은 다르며 최종 결과 또한 달라진다.

『맹자 · 이루 · 하편』에 이렇게 일렀다.

"임금이 어질면 백성들 가운데 어질지 않은 사람이 없고, 임 금이 의로우면 백성들 가운데 의롭지 않은 사람이 없으며, 임금이 바르면 백성들 가운데 바르지 않은 사람이 없다. 한 번 임금을 바르게 세우면 나라가 안정될 수 있다."

이는 임금에 따라 국가의 운영에 많은 차이가 있다는 말이다. 나 라를 다스리더라도 임금이 인의를 베풀면 그 나라 모든 사람이 인의 를 베풀게 되고, 임금이 정직하면 신하도 정직해진다. 그 반대도 마 찬가지다. 즉, 임금은 한 나라의 사회 풍토를 만들 수 있는 사람이 다. 임금이 어떤 인품을 갖고 행동하느냐에 따라 그 나라의 풍토가 달라진다. 이른바 '윗물이 맑아야 아랫물이 맑다'는 속담과 같다.

춘추 시대 제^齊나라 임금인 환공^{桓公}은 자주색 옷을 즐겨 입었는데, 신하들이 이를 알고 유행을 따르듯이 앞다퉈 자주색 옷을 입기 시작했다. 한순간에 공급이 수요를 따라가지 못하며 제나라에서 자색 천은 귀한 옷감이 되었다. 심지어 몇 필의 흰색 천으로도 자색 천 한 필을 바꿀 수 없을 정도였다.

이에 환공은 걱정이 되어 재상 관중管仲53에게 물었다.

"지금 성 안에 모든 사람이 자주색 옷을 즐겨 입어서 자주색 옷감을 구하기 어려운데 이를 어떻게 막겠습니까?"

관중은 이렇게 대답했다.

"이런 풍조를 제지하는 방법은 간단합니다. 세 가지만 기억하고 실천하시면 됩니다. 첫째, 다시는 자주색 옷을 입지 마십시오. 그러면 신하들이 더 이상 본받지 않을 것입니다. 둘째, 자주색 옷을 입은 시위대가 가까이 오면, '멀리 떨어져 있어라. 자주색 옷 냄새는 참을 수 없느니라'라고 말씀하십시오. 셋째, 만약 대신이 자주색 옷을 입고 조정으로 올라오면, 그때도 그에게 '뒤로 물러서라, 나는 자색 옷 냄새를 정말 참을 수 없느니라'라고 명하시면 됩니다."

제 환공은 관중의 말을 따랐고, 과연 한동안 제나라 경내에서 자주색 옷을 입는 사람은 찾아볼 수 없게 되었다.

---

53 **관중(管仲)** : 제(齊)나라의 재상으로 환공을 도와 군사력의 강화, 상업·수공업의 육성을 통하여 부국강병을 도모했다. 깊은 우정을 의미하는 '관포지교'라는 사자성어의 주인공이다.

이 에피소드에서 알 수 있듯이 한 나라의 지도자, 한 팀의 리더, 혹은 사회적으로 영향력이 있는 공인은 말 한마디, 행동 하나하나를 신중히 해야 한다. 팀 전체는 물론, 사회 풍토 전반에 미치는 영향을 고려해야 하는 것이다.

공자도 『논어』에서 이렇게 일렀다.

"선생께서 정치를 하는데 사람은 죽여서 어디에 쓰려 하십니까? 선생께서 스스로 선량해지려고 노력하면 백성들은 곧 선량해질 것입니다. 군자의 덕은 바람과 같고 소인의 덕은 풀과 같으니, 풀은 그 위에 불어닥치면 바람을 따라서 쓰러지는 법입니다."

공자는 왜 군주들이 항상 사람을 죽이는 방법으로 나라를 다스리는지 이해하지 못했다. 군주가 선을 행하면 백성은 그대를 따라 선을 행할 것이니 **군주의 덕목은 바람과 같고, 아랫사람의 덕목은 풀과 같아서 바람만 좋으면 풀은 당신의 바람과 함께 갈 것이라** 비유한 것이다.

이 원칙을 현재의 삶에 적용하면 일부 사회 풍조와 기업의 풍토 같은 문제는 사실 지도자에게서 비롯된다는 것을 알 수 있다. 사회 전체든 기업이든 그것은 유기적으로 얽혀 있어 지도자의 행동은 다음 사람들에게 큰 영향을 미친다. 리더가 모범을 보여야만 솔선수범의 효과를 제대로 볼 수 있다. 예를 들어, 리더는 자기 행동을 아랫사람에게 보여주기만 하면 된다.

그렇다면 리더로서 사회나 기업의 풍토가 좋은지 나쁜지를 어떻게 판단할 수 있을까?

간단하다. 주변 사람들이 어떻게 지내는지 보면 답을 찾을 수 있다. 공자는 이렇게 말한 바 있다.

> "정직한 사람을 등용하고 마음이 굽은 소인배에게 등을 돌리시면, 백성들은 저절로 잘 따를 것입니다. 그러나 만약 소인배를 등용하여 정직한 사람 위에 올려두신다면 백성들은 따르지 않을 것입니다."

이는 리더가 무리에서 정직한 사람들을 발탁하면, 정직하지 못한 사람들이 주변의 정직한 풍토에 영향을 받아 변하게 되어 있어 바람직한 사회 기풍을 조성할 수 있다는 것을 의미한다.

나는 예전에 로버트 S. 캐플런Robert Steven Kaplan이 저술한 『하버드 비즈니스 스쿨 리더십 특강』이라는 책을 읽은 적이 있다. 여기서 저자는 리더가 말과 행동을 일치시키는 것, 즉 '리더의 언행일치'가 중요하다고 강조했다.

리더가 매일 아랫사람에게 자신의 가치관을 이야기한다면 실제 효과는 크게 없을 것이다. 모두가 보는 건 리더의 '행동'이기 때문이다. 예를 들면 아랫사람들은 리더가 자주 기용하는 사람이 어떤 사람인지를 보고 있다. 그래서 기용한 사람이 아첨꾼이라면, 시간이 지나면 팀 전체가 아첨하는 풍조로 가득 차게 될 것이다. 이와 반대로 정직하고 일을 잘하며, 가치관이 바른 사람을 기용하면 조직의 풍조는 자연히 점점 그의 성품과 태도를 따라갈 것이다.

실제로 지도자의 위치에 오르면 조직 구성원이 몇 명이든 상관없이 구성원 모두가 당신을 벤치마킹하여 말 한마디, 행동 하나하나를 관찰하며 흉내 낸다는 것을 알게 된다. 따라서 리더로서 모든 압박과 유혹을 이겨내고, 주도적으로 모두의 모범을 보여야 한다. 솔선수범하여 조직의 기풍을 만들어 내는 창조자가 되면, 구성원 모두를 더 나은 미래로 이끄는 진정한 지도자로 거듭날 수 있다.

선善을 담은 말은
천 리 밖의 인재도 불러 모은다

선을 좋아하면 천하를 다스리고도 남음이 있는데,
어찌 노나라쯤 다스리지 못하겠느냐?
好善优于天下, 而况鲁国乎?

무릇 진실로 선을 좋아한다면 사해四海 안의 온 천하 사람들이,
夫苟好善, 则四海之内,

천 리 길도 멀다 하지 않고 찾아와서 선한 것을 일러주게 되나라.
皆将轻千里而来告之以善.

『맹자孟子 · 고자告子 · 하下편』

경제학 용어 중에 '그레셤의 법칙Gresham's Law'이라는 용어가 있다. '악화惡貨가 양화良貨를 구축Bad money drives out good money'하는 현상을 지칭하는 용어인데 쉽게 말하면 '유통 과정에서 좋은 돈이 나쁜 돈으로 대체되어 퇴출당한다'는 뜻이다. 여기서 말하는 양화는 은의 순도가 높은 화폐고, 악화는 은의 순도가 떨어지는 은화다.

16세기에 영국에서 정부 재정 고문관으로 재직했던 토머스 그레셤Thomas Gresham이 은화의 순도를 떨어트려서 정부의 재정 수입을 늘리기 위해 고안한 정책에서 비롯된 법칙이다. 현재는 거의 모든 국가에서 귀금속 주화 대신 지폐를 사용하기에 그레셤의 법칙은 더 이상 현실적인 화폐 유통의 법칙으로 통용되지 않지만, 정보 부족 등의 영향으로 나쁜 정책이나 상품이 좋은 것들을 압도하는 사회 병리 현상의 역설을 설명할 때 많이 인용된다.

이런 넓은 의미에서 보았을 때 요즘 세상은 악화가 양화를 몰아내는 현상이 더욱 심각해지고 있다. 예를 들어 회사의 한 부서 내에서 업무 분업이 합리적으로 이루어지지 않아 일을 잘하는 사람에게는 일이 더 몰리고, 상대적으로 일을 더 적게 하는 사람이 생기는 현상이 발생하는데 이때 급여 대우는 거의 차이가 없는 경우가 많다. 그래서 게으름피우는 습관이 배어 있는 사람들은 회사에서 자신이 맡은 업무가 너무 편하고 쉽다고 느껴, 그저 일하는 시늉만 해도 다른 사람들과 비슷한 월급을 받을 수 있다는 사실에 만족한다.

반면에 매일 같이 고생하는 사람들은 남들보다 열심히 일하는데도 똑같이 받는 급여에 불공평함을 느낀다. 이들이 더 화가 나는 지점은 누구는 정말 사력을 다해 뛰어다니고, 누구는 노력하는 척만 하는데 대표의 눈에는 업무 실적이 모두 똑같다고 평가되는 것이다.

그래서 직장에서는 열심히 일한 직원이 사직하거나 더 마음에 드는 직장으로 이직을 하거나 그렇지 못한 경우에는 월급 루팡[54]처럼 일하는 척하는 상태로 변한다. 이런 회사가 과연 얼마나 발전할 수 있을까?

또 다른 예로, 버스를 탈 때 규칙적으로 줄을 선 사람들은 새치기하는 사람들 때문에 항상 이리저리 밀린다. 그래서 차례를 지키는 사람은 몇 번이고 뒤로 밀려나고, 오히려 새치기에 능한 사람들은 이들보다 항상 먼저 차에 오른다. 결국 질서 정연하게 줄을 서서 차에 오르는 사람은 점점 줄어들게 되고, 차가 오면 모두가 우르르 몰려들기에 매일 아침 버스 정류장은 전쟁터를 방불케 한다.

위의 언급한 모든 사례가 악화가 양화를 몰아내는 현상에 속한다. 이러한 현상을 우리 생활 속에 대입해 보면 또 하나의 중요한 문제가 우리에게 물음표를 던진다.

---

54 **월급 루팡** : 2011년경부터 유행한 신조어로, 맡은 직무는 제대로 안 하면서 월급이나 축내는 직원을 세기의 대도(大盜) 루팡에 빗댄 표현이다. '월급 도둑, 월급 벌레'라고도 부른다.

'일을 할 때 도대체 어떻게 해야 사람들의 마음을 얻고 더 많은 사람의 도움까지 구할 수 있게 될까?'

이 질문은 내가 출간했던 『복제 가능한 리더십』이라는 책에서 답을 찾을 수 있다.

이 책에서 나는 많은 기업의 리더가 직원을 관리하는 방법으로 '위협'에 의존하고 있다고 언급한 바 있지만, 이것은 관리가 아니라 '통제'라고 불러야 한다. 경영의 핵심은 진심으로 직원을 존중하고 신뢰하며, 직원을 평등하게 대우하는 것에 있다. 또한 직원의 의견을 겸허하게 수용하고, 직원이 정당한 존엄성을 얻을 수 있도록 해야 한다. 만약 경영자가 이를 실제로 시행한다면 당연히 직원들은 가슴속 깊은 곳에서부터 애사심이 끓어올라 어려움이 닥쳤을 때도 이를 감내해 가며 기업의 발전을 위해 함께 노력할 것이다. 이런 모습을 두고 맹자가 "선을 좋아하면 천하를 다스리고도 남음이 있다"라고 말한 것이다. 선한 말을 기꺼이 받아들이고, 동시에 다른 사람을 존중할 줄도 알면 그것만으로도 천하를 다스리기에 충분하다. 더욱이 사람의 마음을 얻는 것은 말할 것도 없다.

어느 날 맹자는 자신의 제자인 악정자樂正子가 노나라에 가서 정치를 한다는 소식을 듣고 기뻐서 잠을 이루지 못했다. 이는 매우 드문 일이어서 제자들이 맹자에게 이렇게까지 기뻐하는 연유를 물었다.

"선생님은 왜 악정자가 노나라에 가서 정사를 돌보게 되었다는 소식에 잠도 주무시지 못할 정도로 기뻐하시는 것입니까? 악정자가 노나라에서 정치를 하게 된 까닭은 능력과 지략이 뛰어나서 가능한 것입니까? 아니면 견식이 넓어서 가능한 것입니까?"

맹자가 답했다.

> "능력과 지략, 견문과 학식은 중요한 게 아니다. 악정자는 '선'을 좋아하는 사람이니라. 나라를 다스리는 데는 선을 좋아하는 것이 가장 중요한 덕목이다. 자고이래로 마음을 다해 선을 좋아한다면, 사해四海 안의 온 세상 사람들이 천 리 길도 멀다 하지 않고 찾아와서 선한 것을 알려준다고 하였느니라."

위정자가 선한 말을 듣는 것을 좋아하면, 주변 사람들은 일할 의욕이 높을 뿐만 아니라, 천 리 밖에서도 찾아와 모두 자신의 재능을 바치려고 한다는 뜻이다. 나라를 잘 다스리려면 위정자 한 사람의 능력, 지혜, 학식만 있어서 될 게 아니다. 많은 사람이 조언하고 함께 지혜를 모아야 나라를 잘 다스릴 수 있다.

오늘날에도 한 사람의 성공은 결코 한 사람의 능력으로만 달성되지 않는다. 한 개인이 능력이 뛰어나고 강한 것보다 주변에 능력 있는 사람들이 많이 모여 있어야 달성할 수 있다. 이런 훌륭한 사람들이 함께 힘을 모아 한 사람의 위대함을 이룩한 것이다. 그러나 우수한 인재들이 자신의 능력을 충분히 발휘할 수 있으려면 도덕적이고, 윤리적이며, 원칙을 중시하고, 노력이 인정되고, 모두가 의견을 경청하는 환경이 갖춰져야 한다. 리더가 자신의 재주를 믿고 건방지게 굴며, 남의 의견을 무시하고 비아냥거린다면 이는 재능 있는 사람을 천 리 밖으로 쫓아내는 셈이다. 주위에 덕이 있는 군자가 적어지면 소인배들의 수는 자연스레 점점 더 증가하여, 나중에는 아첨하고 간사한 무리가 몰려들게 될 것이다. 주위 환경이 이렇게 되어버리면 아무 일도 할 수 없게 된다.

물론 여기서 맹자가 말하는 '선한 말'은 일반적인 의미의 '좋은 말'이 아니라 나라를 다스리는 데 도움이 되는 '충언'을 뜻한다. 우리는 모두 '충언은 귀에 거슬린다'고 말하는데, 이는 충언 자체가 대개 듣고 싶지 않은 말이기 때문이다. 이런 상황에서 한 사람의 그릇 크기와 소양이 드러난다. '충언'을 귀담아들을 수 있는 사람은 "사람을 거울로 삼으면 자신의 득실을 분명히 알 수 있다"라는 도리를 정확히 이해한 것이다. 이런 이치를 아는 것은 타인의 도움과 지원을 받을 수 있는 그릇과 소양을 겸비한 것이다.

책임 중독 바이러스 vs
책임 회피 바이러스

지금 남에게 소와 양을 받아
그 주인을 위해 동물들을 기르는 자가 있다면,
今有受人之牛羊而为之牧之者,

반드시 목장과 꼴을 구해야 하네.
则必为之求牧与刍矣.

목장과 꼴을 구하려 했으나 구하지 못했다면,
求牧与刍而不得,

원래 줬던 사람에게 돌려주겠는가?
则反诸其人乎?

아니면 가만히 서서 죽어가는 걸 보고 있겠는가?
抑亦立而视其死与?

　나는 "그 자리에 오르지 않았다면 정치를 하지 않았을 것입니다."
라는 말을 들은 적이 있다. 그런데 이를 뒤집어 말하면 "그 자리에
있기에 정치를 해야 한다."인데, 그렇다면 이 말을 한 장본인은 도
대체 어떤 자리에 올라야지만 그 직위가 해야 할 일을 잘하고, 그
직위가 져야 할 책임을 진다는 말인가? 그 자리에 있으면서 그렇지
아니하면 이는 엄연한 직무 유기다.

　하지만, 어떤 사람들은 일을 할 때 특히 책임 소재를 혼동하는 경
향이 있다. 자신이 책임지지 말아야 할 일은 나서서 책임지려고 하
고, 원래 자신이 책임을 져야 할 일은 책임을 회피하여 무책임한 사
람으로 전락하고 만다. 그러다 보니 좋은 사람이었고 좋았던 일이,
자신도 모르는 사이에 나쁜 사람과 나쁜 일이 되어 결국 인간관계
에도 악영향을 미치고 일의 진행에도 차질이 생긴다.

　『삼국지연의』를 본 적이 있다면 제갈량이 촉蜀나라 군대의 크고
작은 일에 모두 관여하는 초특급 울트라 오지라퍼[55]라는 것을 잘 알
고 있을 것이다. 유비가 재위하는 동안 촉나라의 대장군 격인 관우

关羽, 장비张飞, 조운赵云, 황충黄忠, 마초马超는 모두 용맹하고 싸움을 잘하여 각자 맡은 바 책무를 톡톡히 하고 있었다. 유비가 죽은 후 다음 군주로 유선刘禅이 즉위했으나 촉나라의 국정 전반을 관리하는 건 제갈량이었다.

오늘날의 기준으로 봤을 때도 제갈량의 업무 태도는 정말 나무랄 데가 없다. 정말 죽어도 여한이 없을 정도로 최선을 다해 국정을 관리했다. 그러나 우리는 또한 제갈량이 죽은 후 '촉나라에는 싸울 수 있는 장수들이 없고, 새로운 장수들은 아직 성장하지 못했기 때문에 늙은 요화가 선봉에 섰다'는 말이 나올 정도로, 인재의 씨가 말랐다고 할 지경에 일렀다. 이렇게 된 가장 결정적 이유는 제갈량이 조정뿐만 아니라, 장군 역할을 대신해서 전장의 모든 사항을 결정하고, 전쟁 현장에 나가 있지 않은 상황에서도 원격으로 천군만마를 지휘하는 등 평소에 너무 많은 일에 관여하고 결정했기 때문이라고 생각한다. 제갈량이 만든 이런 상황은 원래 직접 책임을 졌어야 할 촉나라의 군신과 장군이 책임에 대한 무게감을 전혀 배우지 못하여 생긴 결과다.

---

55 **오지라퍼** : 신조어로 오지랖이 넓어 남의 일에 지나치게 상관하는 사람을 이르는 말이다. '오지랖er'로도 부른다.

오늘날 바라본 제갈량의 업무 스타일은 그 자리에 오르지 않고도 정치를 도모하는 중대한 결함에 속한다. 마찬가지로, 분명히 그 자리에 있으면서 책임지기를 원하지 않거나 책임지지 않는 사람들의 중대한 결함도 있었다.

한번은 맹자가 제나라 평육平陸(지금의 산동성)을 돌아보다가 평육의 대부 공거심孔距心에게 물었다.

"만약 창을 든 이곳의 경비병이 하루에 세 차례나 대오를 벗어나는 직무 유기를 한다면 당신은 그를 내쫓을 것이오?"

"세 번까지 두고 보지 않고, 한 번에 내쫓을 것입니다."

"그렇다면 내쫓기는 사람이 너무 많을 것이오. 흉년에 이곳 백성들은 늙고 허약하여 산골짜기에서 굶어 죽었고, 젊고 힘이 센 사람들은 모두 밖으로 도망갔는데 이 사람들의 숫자가 거의 천 명에 달했을 것이오."

"그건 제가 해결할 수 있는 게 아닙니다."

공거심의 말은 이 모든 것이 국가 체제의 문제이며, 본인이 개인적으로 해결할 수 있는 것이 아니라는 뜻이다. 세상이 이렇다. 자기에게 부여된 권한은 제한되어 있는데, 도대체 어떻게 하라는 것인가? 솔직히 말해서, 아무 결정 권한이 없는 심부름꾼에 불과한데, 어떻게 이렇게 복잡한 일을 해결할 수 있겠는가.

그러나 맹자는 이어서 공거심에게 질문했다.

"지금 남에게 부탁받고 소와 양을 받아 그 주인을 위해 방목한다면 푸른 초장과 풀을 찾아 소와 양을 먹일 것이고, 초장을 구하지 못한다면 여물이라도 구해와서 먹여 살릴 것이오. 그런데 푸른 초장도, 여물도 구할 수 없다면 주인에게 소와 양을 돌려주겠소? 아니면 가만히 서서 굶어 죽는 것을 지켜보겠소?"

당연히 양의 죽음을 지켜보기보다는 주인에게 돌려줘야 한다. 맹자의 이치는 당신이 할 수 있는 일이면 잘하고, 할 수 없는 일이면 양보해야 한다는 뜻이다. 능력이 부족하면 그 자리에 서지도 말아야 하는데, 일은 하지도 않고 남의 월급을 거저 받는다는 것은 안된다는 것을 명백히 일러주는 구절이다. 공거심은 국가 봉록을 받고 있으니, 자신의 직책을 잘 감당해야 하는데 벼슬을 하며 돈을 받으면서도 어떻게 백성들이 굶어 죽은 것이 자기 잘못이 아니라고 할 수 있겠는지를 묻는 말이었다.

나중에 맹자가 이 사실을 제나라 선왕에게 보고하자, 선왕도 부끄러워하며 "이건 분명 과인의 죄로군요."라고 답하였다. 그러나 제나라 선왕은 왕위를 물릴 수 없었으므로 이 일은 결국 누구의 책임도 묻지 않고 끝났다.

맹자는 이 사건에서 한 가지 사항을 분명히 설명했는데, 이는 바로 경영학의 위탁 대리인 관계다. 공거심은 오늘날의 전문 경영인에 해당한다. 전문 경영인으로서 경영상의 문제에 직면했을 때, "저는 할 수 없습니다. 제 상사가 이렇게 지시했기 때문입니다."라는 식의 변명은 통하지 않는다. 전문 경영인의 의무는 제한된 범위 내에서 새로운 돌파구를 찾아내서 최선을 다해 자신의 임무를 추진하는 것이기 때문이다.

이 부분에 대해서 참고할 만한 책이 한 권 있다. 로저 마틴^{Roger Matin}이 저술한 『책임감 중독^{The Responsibility Virus}』이라는 책을 읽어 보면 많은 도움이 될 것이다. 사실 우리 주위를 살펴보면 정말 많은 사람이 '책임감 중독 바이러스'에 걸려 있음을 알 수 있다.

"당신은 나만 믿어. 이 일은 그냥 다 나에게 맡겨. 그다음부터는 물을 것도 없어. 자꾸 물으면 날 못 믿는다는 소리로 알게. 나만 믿고 다 맡기면 돼!"

이렇게 말하는 사람이야말로 책임감 중독 바이러스에 걸린 사람이라 할 수 있다. 그들은 체면을 위해 일을 하고, 책임이 너무 중요하다고 생각하기에 맡겨진 일을 끝내지 못하면 체면이 깎인다고 생각한다. 제갈량 역시 이런 사람과 매우 비슷한 부류다.

반면 또 어떤 사람들은 일을 맡겼을 때 그 일과 관련된 문제가 발생하면 그 어떤 책임도 지지 않으려고 한다. 이런 사람은 마치 공거심과 같다.

책임감 중독 바이러스를 피하기 위한 가장 좋은 방법은 정확히 자신의 위치에 부여된 책임과 의무에 최선을 다하는 것이다. 그 자리가 어느 위치이건 관계없이 부여된 일을 잘하고, 그 위치에서 책임을 지는 것이다. 누군가 당신에게 일을 맡겼을 때 일을 처리하는 과정에서 문제가 생기면 다른 사람과 상의하고 토론할 수 있다. 하지만 결정을 내리고 책임을 져야 할 상황에서는 과감하게 결정하고 책임을 진다. 이것이야말로 올바른 책임감을 가진 사람의 마음가짐이고 모습이다.

마음이 하는 일에
정성을 다하는 하늘의 이치

마음이 하는 일은 생각하는 것이니,

心之官則思,

생각하면 얻고 생각하지 아니하면 얻지 못한다.

思則得之, 不思則不得也.

이런 이치는 하늘이 우리 인간에게 내린 것이니,

此天之所与我者,

먼저 그 큰 것을 굳게 확립해

그 작은 것이 그 지위를 넘보지 못하게 해야 한다.

先立乎其大者, 則其小者弗能夺也.

이것이 대인이 되는 길이니라.

此为大人而已矣.

　회사 임원으로 일하고 있는 친구 한 명이 어느 날 곤혹스러운 문제가 생겼다면서 대화를 나누고 싶어 했다. 그는 매일 일부러 시간을 내서 부하 직원들의 업무를 체크하고, 회의를 주관했다. 지금껏 책임감 있게 일을 하면서 직원들의 업무 의욕을 고취했다고 자부해 왔는데 조직의 업무 효율성은 크게 향상한 것 같지 않다고 했다. 도대체 무엇이 잘못된 것일까?

　그의 말을 들었을 때, 나는 매우 당황스러웠다. 지금 그가 말한 업무 스타일은 옛날 고릿적에나 쓰던 낡은 조직 관리 방법인데, 뜻밖에도 그 방법을 여전히 사용하고 있음에 놀라지 않을 수 없었다. 나는 이에 호기심이 발동하여 회사에서 임원으로 일하는 다른 친구들에게도 물어보았다. 그런데 이 과정에서 아직도 오래된 관리 모델을 사용하는 사람들이 많다는 것을 알게 되었다. 그들은 조직의 업무 효율을 높이려면 좀 더 엄격하게 관리해야 된다고 생각하고 있었다. 그렇지 않으면 구성원들이 긴장감을 잃어 일이 순조롭게 마무리 지어지지 않을 것이라 여기는 것 같았다.

　하지만 내가 보기에 이 방법은 시대에 뒤떨어져도 한참 뒤떨어진 발상이다. 회사에서 임원이 매일 직원들을 감독한다고 해서 직원들이 열심히 일하고 효율성이 올라가는 게 아니기 때문이다. 직원의 몸과 마음은 임원이 통제할 수 있는 것이 아니다. 그들이 스스로 자각해서 자발적으로 일해야만 능률을 높일 수 있다.

우리는 눈과 귀가 외부 세상을 느끼는 데 필요한 중요한 기관임을 잘 안다. 우리는 눈으로 세상을 바라보고 귀로 세상의 모든 소리를 듣는다. 하지만 회사에서 눈으로 보고 귀로 듣는 것만으로는 구성원 개개인을 제대로 이해하기 어렵다. 눈과 귀라는 기관은 귀에 들리는 소리와 눈에 보이는 형상과 색깔이 자신에게 어떤 영향을 주는지 전체적으로 따지지 못하기 때문에 좋으면 그저 좋은 대로 끌려가는 감각 기관일 뿐이다. 그러므로 당신이 보고 들은 것은 어쩌면 당신의 감독하에 직원이 의도적으로 당신의 감각 기관을 마비시킨 허상에 불과할 수도 있다. 실제 상황은 당신이 알고 있는 것과는 거리가 멀 수 있다는 말이다.

『맹자 · 고자 · 상편』에 이런 말이 있다.

"귀와 눈이란 감각 기관은 생각하지 못하므로 유혹에 가려지면 대상 쪽으로 끌려가 버린다. 끌려가는 것에 그치지 않고 원래대로 돌아오지도 못한다. 반면 마음이 하는 일은 생각하는 것이니, 마음은 앞뒤를 따져볼 수 있으므로 제대로 생각하면 터득하여 제대로 길을 찾고, 생각하지 아니하면 터득하지 못하여 길을 찾지 못한다. 이런 이치는 하늘이 부여한 귀한 능력이니 사람은 무엇이 옳은지 그른지를 판단하여 큰 것과 작은 것을 구분해야 한다. 이를 바탕으로 먼저 큰 것을 굳게 확립해서 작은 것이 그 지위를 넘보지 못하게 해야 한다. 그것이 대인이 되는 길이니라."

이를 해석하면 다음과 같다. 우리의 귀, 눈 같은 기관들은 생각하지 않기 때문에 겉모습에 잘 속아 넘어가지만, 마음이라는 기관은 감각 기관과 달리 생각할 수 있는 능력을 지니고 있다. 이 기관은 하늘이 특별히 우리에게 준 것이다. 따라서 우리는 먼저 이 중요한 기관을 사용하고 더 많은 주의를 기울여 생각해야 사물의 본질을 깊이 이해할 수 있다. 그런 사소한 기관들이 주객이 전도되지 않아야 길을 잃지 않을 수 있다. 이것이야말로 큰 인물이 마땅히 가져야 할 모습이다.

여기서 '마음'은 사람의 심장을 의미하는 것이 아니다. 옛 선인들은 마음을 '사고, 생각, 감정의 기관'으로 여기고, 오직 '마음'만이 생각할 수 있다고 여겼다. 돌이켜 보면 옛날 사람들이 '마음'이라고 일컫는 것은 우리 두뇌의 사고를 이르는 것에 가까운데, 이는 우리가 흔히 일을 할 때는 성심성의껏 마음을 써야 한다는 표현과 비슷하다 할 수 있다.

실제로 기업의 임원이든 일반 직원이든 업무 효율성을 높이거나 다른 사람에게 일을 도와달라고 할 때 가장 먼저 해야 할 일은 신중하고 치열하게 고민하여 조직 구성원의 업무 의욕을 불러일으킬 수 있는 방법을 찾는 것이다. 예를 들어, 당신이 기업의 대표라면 모든 일을 다른 사람의 입장에서 아주 신중히 생각해야 한다, 직원은 몇몇을 빼면 대부분 평범한 사람이고, 각자의 업무 목표와 노력의 조건이 모두 다르다. 당신이 매일 활기차게 일할 수 있는 건 회사의 발전이 자신의 이익과 밀접한 관련이 있기 때문이다. 회사가 더 발전할수록 당신이 얻는 보상은 더 풍부해지는 것이다.

하지만 직원의 입장에서 일의 목적은 단순한 생계유지고, 그들이 당신과 똑같이 노력하더라도 받는 보수는 매우 제한적이다. 이런 상황에서 당신은 어떻게 직원들에게 당신만큼 노력하라고 요구할 수 있겠는가?

방법은 하나다. 다른 사람이 자신의 일을 돕게 하고 싶다면, 그 사람의 입장이 되어 생각해 보는 것이다. 다른 사람이 당신의 일을 도와준다면 어떤 가치를 보여줄 수 있고, 어떤 혜택으로 보상해 줄 수 있는지, 만약 이런 것들이 없다면, 상대방에게 당신의 일을 적극적으로 도우라고 요구할 이유가 없다.

이 논리를 깨닫고 나면 우리는 직원들이 효율성을 높이거나 일을 도와주도록 만들기 위해 적절한 보상으로 일에 대한 열정을 불러일으켜야 한다는 것을 알게 된다. 예를 들어, 직원들이 성과 시스템, 스톡옵션 등을 채택할 수 있으며, 직원이 더 많은 일을 완료할수록 더 많은 보수를 받을 수 있게 해줘야 한다. 이러한 방식을 도입해야 직원들이 자율적으로 업무 효율성을 높이려 노력할 것이다.

우리가 평소에 하는 일도 마찬가지다. 만약 다른 사람이 성심성의껏 우리를 도와주길 원한다면, 우리는 상대방을 존중하고 신뢰해야 할 뿐만 아니라, 상대방을 잘 대해줘야 한다, 필요시 상대방의 이익과 나의 이익을 공동 운명체로 묶어 손해가 있다면 같이 손해를 보고, 영광을 얻을 땐 같이 영광스러운 자리에 오를 수 있도록 해야 한다. 함께 노력할 수 있고, 함께 이익을 누릴 수 있는 구조를 구축해야 한다. 만약 노력만 요구하고 열매는 나누고 싶지 않다면 누가 당신을 따라 함께 일을 도모하겠는가?

내 안의
선한 본성을 깨워라

타고난 본성대로만 한다면, 누구나 선하게 될 수 있다.
乃若其情, 则可以为善矣.

그러므로 본성이 선하다 말하는 것이니라.
乃所谓善也.

본성이 나중에 선하지 않게 된다면, 그것은 타고난 재질 탓이 아니니라.
若夫为不善, 非才之罪也.

『맹자孟子 · 고자告子 · 상上편』

현대 경영학의 아버지라 불리는 피터 드러커는 '경영의 본질은
사람들이 가진 강점을 최대한 살려 경제적·사회적으로 가치 있는

성과를 올리는 것'이라고 하였다. 나는 이것이 경영의 본질일 뿐만 아니라 우리가 세상을 살아가는 처세의 본질이라고 생각한다. 무슨 일을 하든지 사람에 대한 존중과 이해를 바탕으로 **'사람에서 출발해서 사람을 중심으로 도모'**해야 한다.

맹자는 줄곧 인간성이 본래 선하다고 하는 '성선설性善說'을 주장해 왔다. 그러나 어떤 호사가들은 고자告子[56]의 본성에는 선도 없고, 불선도 없다는 '성무선무불선론性無善無不善論'과 본성에는 착해질 수 있는 요소와 악해질 수 있는 요소가 동시에 들어 있다는 '성가이위선가이위불선론性可以爲善可以爲不善論', 날 때부터 본성이 착한 사람도 있고 나쁜 사람도 있다는 '유성선유성불선론有性善有性不善論', 이 세 가지 관점을 바탕으로 맹자의 성선설에 대항하여 반박했다. 맹자의 제자인 공도자公都子[57]도 이들의 반박론에 때때로 곤혹스러워하며 맹자와 이 세 가지 관점을 논의한 바 있다.

사실 이 세 가지 관점은 모두 고자가 주장한 이론이다. 그는 물이 그릇에 담기면 그 모양이 달라지듯이 주변 환경에 따라 인간성이 변한다고 생각했다. 이것이 첫 번째 관점이다. 둘째, 인간성은 흐르

---

56 **고자(告子)** : 전국 시대의 제자백가 사상가이자 철학자로 그 학문 계통은 명확히 알려지지 않았다. 인간의 본성은 재료로서의 나무와 같으며, 인의는 만들어진 바구니 같은 그릇으로 인간이 인의를 행하는 것은 나무를 굽혀 만든 기구로 비유하며 '성무선악설'을 주장하였다.

57 **공도자(公都子)** : 맹자의 제자로 성이 공도(公都)다. 그의 생애에 대해서는 잘 알려진 바 없다.

는 물과 같아 동쪽으로 터놓으면 동쪽으로 흐르고, 서쪽으로 터놓으면 서쪽으로 흐르는 것처럼 규칙적이지 않아 좋을 수도 있고 나쁠 수도 있다고 생각한다. 이것이 두 번째 관점이다.

또한 고자는 주周나라 문왕과 무왕을 예로 들며 "옛 문무文武가 흥興하니 백성이 선하다."라고 하였다. 이는 주나라 문왕과 무왕이 재임하는 동안에는 백성들도 착하고 사람들 사이의 관계가 화목해졌다는 뜻이다. 이어 "유여幽厲가 흥興하니 백성이 난폭해졌다."라고 하였다. 주나라가 유왕, 여왕 때에 이르러서는 사회 환경이 매우 열악했는데 이는 유왕은 탐욕스럽고 부패한 왕이었고, 여왕은 포악했기 때문에 이에 그들의 백성들도 매우 흉포하게 변했다는 의미이다. 그래서 이를 통해 그는 세 번째 관점을 제시했다. 바로 '인간은 날 때부터 본성이 착한 사람도 있고 나쁜 사람도 있다'는 관점이다. 그는 요순을 또 다른 예시로 들며 이 주장을 뒷받침했다.

"요堯왕에게도 이복동생 상象이 있었고, 고수瞽瞍를 아비로 두었음에도 순舜이 나올 수 있었다."

요가 임금으로 재위할 때는 영명한 것으로 명성을 떨쳤으나, 결국 순의 이복동생인 상처럼 나쁜 인간이 같은 아비에게서 나왔고, 고수 같은 아버지에게서도 순이 태어났다는 뜻이다. 왜 그럴까? 타고난 본성은 달라서 상의 본성은 나쁘게 타고난 것이고, 순의 본성은 좋게 타고난 것이기 때문이다.

공도자는 맹자에게 이 세 가지 관점을 말한 후 이렇게 물었다.

"인간성이 원래 선하다고 하셨는데, 앞서 말씀드린 모든 관점이 틀린 것입니까?"

맹자는 자신의 제자가 깨닫지 못하자, 다시 설명해 주었다.

"타고난 본성대로만 한다면, 누구나 선하게 될 수 있다. 그러므로 본성이 선하다 말하는 것이니라."

이는 인간성 그 자체를 따라가면 선할 수 있다는 뜻이다. 이것이 야말로 맹자가 말한 '성선설'이다.

우리의 현대 생활로 돌아가서, 사람들과 어울리고 사람들과 함께 일함에 있어 우리는 인간의 본성 자체를 따라야 한다. 우리가 함께 일하는 대상은 사람이기 때문에 그들이 하는 모든 행동은 인간 본성과 떼려야 뗄 수 없다. 인간 본성에 순응하고 인간 본성에 내재한 선의를 불러일으키는 법을 배워야 일이 단순해지고 해결과 처리가 쉬워진다.

나는 예전에 『량수밍 선생의 공자와 맹자 이야기梁漱溟先生讲孔孟』라는 책에 대해 강의한 적이 있다. '성선설'에 관한 장에서 량수밍 선생은 인간성 자체는 선해질 수 있으며, 이는 미래의 상태라고 언급한 바 있다. 그러므로 당신이 다른 이를 선한 방향으로 인도한다면, 인간의 본성 자체가 선하므로 자연히 선한 일을 하는 사람이 많아지게 된다. 이것이 맹자가 선한 정치를 성공시키려 했던 이론적 토대이다.

한번 생각해 보자. 만약 군왕이 어진 정치를 펴고자 하지만 인심이 모두 악하다면, 어진 정치는 분명 시행되지 않을 것이다. 모두가 선한 일을 하고 싶지 않기 때문이다. 선한 정치를 성공시키려면 반드시 인성이 선하고 모두가 선한 일을 하기를 원할 때 선한 정치를 펼 수 있다. 나쁜 짓을 한 사람은 타고난 본성의 잘못이 아니다. 즉, 이들이 선천적으로 악해서 잘못을 저지르는 것을 좋아하는 것이 아니라 후천적인 요인에 의해 잘못을 저지르게 된 것이다.

실제로 우리 자신이 먼저 착한 사람이 된 후에 사람들에게 더 나은 것을 보도록 인도한다면 인간 본성의 선을 충분히 자극할 수 있다. 예전에 읽은 스티븐 핑커Steven Pinker가 쓴 『우리 본성의 선한 천사: The Better Angels of Our Nature』에서 저자는 사람은 선천적으로 싸움을 좋아하고 타인을 죽일 수 있지만, 사실 인간성 속에는 정말 착한 천사가 있다고 하였다.

이 책 내용 중 재미있는 실험이 하나 있다. 인간의 내면에 정말 착한 천사가 있다는 것을 증명하기 위한 실험이다. 심리학자가 두 명의 실험참가자 중 A 참가자에게만 실험 과정에 관해 설명한다. 실험에는 두 가지 역할이 있는데 하나는 상대방이 하나의 동작을 할 때마다 숫자를 세는 것이고, 다른 하나는 수학 문제를 푸는 것이라고 알려준다. 그러고서 A 참가자에게 그 역할 중 하나를 선택할 권한을 주며, 실험참가자 두 명이 받게 될 보수는 똑같다고 알려준다. 결과는 어떻게 되었을까?

분명히 계수는 수학 문제를 푸는 것보다 훨씬 간단하다. 따라서 A 참가자는 자신에게 계수하는 역할을 할당하고 다른 사람에게는 수학 문제를 푸는 역할을 할당했다. 실험자가 A 참가자에게 이렇게 하는 것이 공평하다고 생각하느냐고 물었다. A 참가자는 공평하다고 답하며 나름의 이유를 제시했다. 그러나 실험자가 제삼자를 불러 두 작업의 분배가 공평한지 평가해 달라고 요청했을 때 그는 불공평하다고 답했다.

이를 보면 우리는 알 수 있다. 제삼자의 관점에서 이 문제를 바라보면 공평한지 아닌지를 정확히 알 수 있고, 당사자가 이해 당사자로 깊이 개입해 있을 때는 자기 행동에 아무 잘못이 없다고 생각하며 공정성을 잃는다. 그렇다면 인간의 내면에는 착한 천사가 없다는 뜻일까?

이어서 실험자는 A 참가자에게 아주 짧은 시간에 긴 일련의 숫자를 기억하도록 하는 문제를 하나 더 냈다. 만약 기억하지 못하면 실험은 실패하고 그는 보수를 받지 못하게 된다. 실험자가 참가자에게 지금 자신이 하는 일이 공평하다고 생각하느냐고 묻자, 그는 불공평하다고 답했다.

왜 자신이 쉬운 일을 선택할 때는 공평하다고 느끼고, 복잡한 일을 시킬 때는 불공평하다고 느끼는 것일까?

그 이유는 어려운 일을 하지 않아도 될 선택권이 주어졌을 때는 본성과 양심에 따라 하는 게 아니라, 자신의 이익을 추구하기 위해 머리로 이해득실을 따졌기 때문이고, 자신이 더 어려운 일을 하는 처지에 놓였을 때는 진정한 마음에서 비롯된 것이기 때문이다.

선종禪宗에서는 '당신의 의식의 흐름을 끊어라'라고 한다. 실험자는 더 어려운 작업으로 그 사람의 논리적 사고를 끊고, 자기변호의 방법을 깨고, 그가 본래의 천성으로 진실을 말하게 하려고 한다. 이것이 바로 인간 본성의 착한 천사이며, 왕양명이 '우리는 모두 마음속에 양심이 살아있다.'라고 말한 것과 같은 논점이다.

모든 사람의 머릿속에는 진실이 있다. 그것은 바로 인간 본성의 선이다. 한 사람의 인간성에 이 선한 양심을 불러일으키고 일을 해 나간다면, 서로에 대한 진실함은 더해지고, 계산은 줄일 수 있지 않을까?

6장

안전지대를 벗어나
한계를 극복하라

돌파자아 도출서괄권
突破自我 跳出舒适圈

나를 감싸는 울타리는
성장을 방해하는 걸림돌일 뿐이다

탕왕께서는 이윤에게 먼저 배우신 뒤에 그를 신하로 삼으셨기 때문에,

故汤之于伊尹, 学焉而后臣之,

힘들이지 않고서 왕업을 이루셨고,

故不劳而王,

제나라 환공은 관중에게 먼저 배우신 뒤에 그를 신하로 삼았기 때문에,

桓公之于管仲, 学焉而后臣之,

힘들이지 않고서 패업을 이뤘느니라.

故不劳而霸.

『맹자孟子 · 공손추公孙丑 · 하下편』

어떤 일을 추진하는 데 있어 완벽함을 도모하려면 우리의 노력과 기회 이외에도 필수 불가결한 중요한 요소가 있다. 바로 주변 사람들의 '도움과 지원'이다. 인터넷 시대에 타인과의 교류는 동호회를 통해 많이 이루어진다. 만약 당신이 자신의 능력을 계발하고 더욱 향상하고 싶다면, 전문 동호회에 들어가 자신보다 강한 사람들을 많이 만나봐야 한다. 강자와 함께 서야 언제나 겸허한 자세를 유지할 수 있으며, 투지를 불태워 쉽게 지치지 않고 추진해 나가게 된다. 하지만 요즘은 많은 사람이 강자와 함께하기를 꺼린다. 자신의 한계가 드러날까 두려워 오히려 학식이나 능력, 식견 등이 자신보다 못한 사람들과 어울리는 것을 선호한다. 자신보다 능력이 뒤떨어지는 사람들은 관리하기 쉽고, 무엇이든 자신의 말을 듣고 따를 것이기 때문이다. 하지만 이것은 자신의 능력 향상에 걸림돌이 될 뿐이다.

『맹자·공손추·하편』에는 이런 일화가 수록되어 있다.

맹자가 제나라에 있을 때 어느 날, 제나라 선왕이 사람을 보내 말을 전하여 왔다.

"과인이 마땅히 가서 뵈어야 할 것이나, 몸이 좋지 않아 바람을 쐬기 어려우니 가서 뵙는 것이 불가능합니다. 내일 아침에 조정에 오신다면 내 억지로라도 정사를 보러 나가려고 하는데, 과인에게

뵙게 해 주실 수 있는지 모르겠습니다."

맹자는 이 말을 듣고 화가 나서 사자使者에게 자신도 아파서 못 간다고 핑계를 댔다. 그런데 다음 날, 맹자는 대놓고 한 친구의 장례식에 갔고, 또 다른 친구 경추씨景丑氏 집에 가서 하룻밤을 묵었다.

경추씨 눈에 맹자의 행동은 선왕을 공경하지 않는 것으로 보였다. 이에 맹자가 말했다.

"요순의 도가 아니면 왕 앞에서 말하는 것을 감히 하지 않는 것이 군자의 처세입니다. 세상 사람들이 모두 떠받드는 세 가지가 있는데 '작위爵位'가 그 하나요, '나이'가 그 하나요, '덕'이 그 하나입니다. 조정에서는 작위를 존중하고, 한 고을에서는 나이를 존중하고, 세상에 도움이 되고 백성을 잘 다스리는 데는 덕을 존중합니다. 선왕은 비록 작위가 지존하시지만, 삼존 중에서 나이와 덕을 따지자면 제가 두 가지를 차지하는데, 그가 어찌 세 가지 중 하나를 얻었다고 하여 나머지 두 가지를 가진 저를 업신여길 수 있겠습니까?"

맹자는 이어 말했다.

"상나라 탕왕은 이윤의 덕을 숭상하고, 도를 즐기는 지혜를 겸허히 본받으며, 그를 신하의 예로 대했기에 힘들이지 않고 임금의 직분을 다하여 천하를 다스렸고, 제나라 환공은 관중으로부터 지혜를 먼저 본받아 그를 신하로 삼았기에 거의 힘들이지 않고 패주가 될 수 있었던 것입니다. 지금 세상은 제후국들의 국력이 비등하고, 백성들의 심성도 비슷해 서로를 능가할 수 없습니다. 그래서 아무도 천하의 왕 노릇을 하지 못합니다. 그 이유는 군주가 자신을 가르쳐 줄 사람을 중용하지 않고, 순종하는 사람만 좋아하기 때문입니다."

이 일화가 말하는 것은 바로 제나라 선왕의 인재 선발에 관한 문제다.

맹자는 원래 제나라 선왕을 보좌하는 스승이므로, 삼국시대 유비가 삼고초려를 하여 제갈량을 청한 것처럼 공손히 직접 방문하고 예를 갖추어 겸허하게 그에게 치국의 가르침을 구해야 한다고 생각했다. 그런데 선왕은 맹자가 자신을 찾아와주길 사자를 통해 말을 전해 왔으니, 맹자처럼 예의를 중시하는 사람이 어떻게 이런 대접을 받아들일 수 있겠는가?

물론 조정의 신하나 윗사람의 측면에서 보면 맹자의 행동이 예의가 아닌 것 같지만, 이는 우리가 평소에 어떤 사람들과 접촉해서 어떻게 일을 해야 하는가에 대한 더 깊은 이해가 담겨 있다.

우리는 능력 있는 사람들과 가까이 함으로써 그 사람들이 나를 위해 도움을 주고 가치를 창출할 수 있도록 관계를 잘 성립해야 한다.

영국의 광고회사 오길비 매더Ogilvy&Mather의 창립자 데이비드 오길비David Ogilvy가 쓴 『어느 광고인의 고백Confessions of an Advertising Man』에는 저자가 광고회사를 경영하며 겪었던 업무 수행 방식이 담겨 있다.

데이비드 오길비는 직원이 경영진에 발탁될 때마다 러시아 인형인 마트료시카Matryoshka doll 세트를 선물했다. 사람들은 처음에 그가 왜 이런 선물을 주는지 이해하지 못했다. 그들이 인형을 열었을 때 인형 안에 크기가 더 작은 인형이 3~5개 반복되어 들어 있었는데, 가장 안쪽에 있는 제일 작은 인형을 열어보면 작은 쪽지 하나가 들어있고 거기에는 오길비의 메모가 쓰여 있었다.

"만약 당신이 자신보다 능력이 작은 직원을 자주 고용한다면, 우리는 미래에 난쟁이 회사가 될 것입니다. 반대로 당신이 매번 자신보다 큰 사람을 고용한다면, 우리는 훗날 분명 거인 회사가 되겠지요."

이 글귀는 맹자가 주창한 사상과 일맥상통一脈相通한다. 한 나라의 군주든, 기업의 CEO이든, 보통 사람이든, 항상 겸손한 마음을 가져야 한다. 이를 바탕으로 자신보다 재능과 능력이 뛰어난 사람들을 찾으려 노력하고 끊임없이 접촉해야 한다. 그래서 그들이 자신에게는 없는 재능과 능력을 발휘하게 하여 나라를 통치하거나, 기업을 경영하도록 해야 한다. 그래야 나라가 더 강해지고, 기업이 발전하며, 자신의 능력도 더 빨리 향상시킬 수 있다. 그러나 안타깝게도 많은 사람이 인재를 구하기 힘들다고 불평을 하면서도, 점점 작아지는 러시아 인형 놀이를 하며 자신보다 능력이 떨어지는 사람들만 만나 우월감을 과시하고 싶어 한다. 이런 인간관계는 자신의 인생과 능력이 소모되고 마모될 뿐이다. 이것은 마치 당신이 높은 곳에 서서 낮은 곳에 서 있는 이들만 고용하고 교제하며, 그들에게 당신의 에너지를 나눠주는 것과 같다. **당신이 한 울타리 안에서 이미 우두머리가 되었다는 것은, 이 울타리가 당신의 성장을 돕는 것이 아니라, 당신의 에너지를 끊임없이 소비하게 한다는 것을 의미한다.**

결국, 자신보다 뛰어난 사람과 사귀고 싶지 않고, 자신보다 강한 사람이 자신을 이끄는 것을 보고 싶지 않고, 또 자신의 문제를 지적하거나 어떻게 해야 하는지 알려 주는 것을 원하지 않는다면 이는 그 사람의 그릇에 문제가 있는 것이다. 이 점을 돌파하지 못하면 그는 영원히 제자리걸음을 할 수밖에 없다.

나는 우리 직원들에게 자주 말한다. 자신에게 편안함을 선사하는 안전지대를 박차고 나가 자신보다 더 대단한 사람, 더 높은 수준의 사람, 그리고 더 많은 경험을 가진 사람들과 접촉하여 그들의 학식, 사고, 일하는 업무 처리 방식을 배우기를. 이것은 우리 개인의 능력을 향상할 수 있는 가장 효과적인 방법이다.

사람의 마음은
사람의 마음으로 갚는다

군주가 신하를 수족처럼 여기면, 신하는 군주를 제 배와 가슴처럼 여기고,

君之視臣如手足, 則臣視君如腹心.

군주가 신하를 개나 말처럼 여기면, 신하는 군주를 행인처럼 여기고,

君之視臣如犬马, 則臣視君如国人.

군주가 신하를 티끌처럼 여기면,

신하는 군주를 도둑이나 원수처럼 여길 것입니다.

君之視臣如土芥, 則臣視君如寇雠.

『맹자孟子 · 이루離婁 · 하下편』

맹자는 일찍이 제나라 선왕에게 다음과 같이 말했다.

> "군주가 신하를 자신의 손과 발처럼 귀히 여기시면 신하는 군주를 제 배와 가슴처럼 여길 것이고, 군주가 신하를 개나 말처럼 여기시면, 신하는 군주를 길에서 만난 사람처럼 여길 것입니다. 군주가 신하를 흙먼지나 티끌처럼 하찮게 여기시면, 신하는 군주를 도둑이나 원수처럼 여길 것입니다."

이는 간단히 말해서, 군신과 신하 사이는 상대적인 관계라는 뜻이다. 군주께서 잘 대해 주시면 그들이 당신을 위해 충실히 봉사하겠으나, 군주가 그들을 좋아하지 않고, 존중하지 않으며, 심지어 무시하거나 모욕한다면, 그들 역시 군주를 적으로 대할 것이라는 의미다.

우리가 현대 사회에 이 이치를 적용한다면 윗사람이 아랫사람을 예우하고, 존중하고, 또 아랫사람에게 잘 대해 주어야 아랫사람이 윗사람을 위해 최선을 다하겠노라 다짐하게 되는 것이라고 이해할 수 있다.

어떤 경우든 사람의 마음은 사람의 마음으로 갚아지게 되어 있다. 사람들이 당신을 어떻게 대하는지는 당신이 다른 사람을 어떻게 대하는가에 달려 있다. 만약 당신이 그들을 배려하지 않고 인재로 예우해 주지도 않으면서 하루 종일 자신의 이익을 위해 그들에게 헌신과 봉사를 요구한다면 어떻게 되겠는가?

그런데 항상 어디를 가나 제나라 선왕과 같은 상급자가 꼭 있다. 제나라 선왕은 맹자에게 예법에 따르면 신하가 예전에 섬기던 임금을 위하여 상복을 입는다고 하였는데, 임금이 어떻게 해야 신하가 그처럼 행동할지 물었다.

맹자는 선왕에게 예를 세 번 갖추는 것을 지켜야 한다고 말했다.

"첫째, 다른 사람의 간언을 귀담아듣고 행하여 은택이 백성에게 내려져 백성들이 잘살 수 있도록 해야 합니다. 둘째, 만약 신하가 당신을 떠나고 싶어 하거나, 집에 돌아가 노후를 보내고 싶어 한다면, 사람을 보내 그를 인도하여 국경을 넘게 하고, 또 그가 가려는 곳에 먼저 기별하여 그의 의식주를 준비하도록 해주어야 합니다. 셋째, 떠난 지 3년이 되어도 돌아오지 않으면 그 후에야 그에게 주었던 토지와 주택을 환수해야 합니다. 사람이 방금 떠났다고 급하게 환수하는 것은 허용되지 않습니다. 이것을 일러 세 번 예를 갖추었다고 합니다. 이 세 가지 예를 지켜 신하를 대하면 신하가 예전에 섬기던 임금을 위해 상복을 입을 것입니다."

이 세 가지는 모두 이해하기 어렵지 않다. 만약 군주가 신하의 간언을 듣지 않고 행하지 않으면 은택이 백성들에게 내려지지 않고, 신하가 사정이 있어 떠날 때 잘 대하지 않을 뿐만 아니라 그를 속박하고, 또 그가 가려는 곳에 험담을 퍼뜨려 곤궁하게 만들며, 떠나는 날 바로 그의 토지와 주택을 환수하면 자연히 인심을 잃게 되는 것이다.

장이머우張藝謀 감독의 영화 〈황후화〉를 보면 한 신하가 벼슬을 그만두고 고향으로 돌아가려 하는데 황제가 신하의 귀향길에 수많은 살수들을 배치해 죽이려 하는 장면이 나온다. 또 다른 장면으로 신하가 떠나자마자, 군주는 황급히 저택과 밭을 모두 환수해 가는 모습도 비친다. 이렇게 하면 신하에게 황제는 원수나 다름없어진다. 이런 행위를 하면서 어떻게 신하가 자신을 위해 상복을 입기를 원한단 말인가?

리드 호프먼Reid Hoffman의 『얼라이언스The Alliance: Managing Talent in the Networked Age』라는 책에서 주장하는 바도 맹자의 견해와 매우 유사하다. 이 책에서는 오늘날 많은 기업이 직원이 떠날 때 서로 원수가 되는 경우가 많다고 지적하고 있다.

예전에 한 친구가 큰 회사에서 일하다가 어떤 이유로 해고를 당했다. 그는 울분을 토하며 그날의 경험을 떠올렸다.

아침에 회사에 출근할 때 문 앞에 가서 출입증 카드를 꺼내서 인식시켰는데, '삐' 하는 경보음 소리와 함께 경고등이 붉게 변했고, 문이 열리지 않아 회사에 들어갈 수 없었다. 설마 문이 고장이 난 것인가 하면서도 이상하다고 생각했다.

그러자 안에서 경비원 4명이 나와 그에게 말했다.

"죄송합니다만, 해고되셨으니 들어가서 짐만 좀 챙겨 나오세요."

그리고 경비원 몇 명이 그를 연행하듯이 에워쌌고, 그의 자리로 가서 개인 소지품만 간신히 챙길 수 있었다. 컴퓨터는 건드리지도 못하게 했는데, 컴퓨터 안에 아직 개인 자료가 있다고 말해도 경비원은 다 회사 물건이고, 만약 그 안에 개인 정보가 들어 있는 문건을 발견하면 다 삭제할 테니 안심하고 떠나라 재촉했다.

이어 경비원이 들고 나가는 소지품을 뒤져보고는 상자를 들고 재무처에 가서 급여를 정산하라고 한 뒤 결국 현관문 밖으로 내보냈다.

그는 회사를 나온 후, 지인들을 만날 때마다 쫓아낸 회사의 욕을 하고 다녔다. 결국 나중에 소송도 하고, 반년 넘게 회사와 싸우고 나서 겨우 잠잠해졌다.

왜 이런 결과가 초래된 것일까? 바로 군주가 신하를 티끌처럼 여기고, 신하는 군주를 원수와 같이 여기기 때문이다. 『얼라이언스』 책에서는 직원들이 퇴사 후에도 여전히 이전 회사와 매우 중요한

동맹 파트너가 될 수 있다고 말한다. 책에서 언급한 회사는 직원들을 늘 신경 쓰며 이들이 이직한 후에도 모임을 갖고 그들과 자주 함께하는 자리를 갖는다. 이 자리를 통해 퇴사한 직원들과 소통하고 심지어 동업도 하면서 서로 더 많은 정보를 주고받는다. 이렇게 되면 퇴사한 지 오래된 사람들일지라도 회사는 여전히 '자신을 성장시키는 학교'라고 생각하고, 사소한 정보라도 공유하고 싶어할 것이다.

이것이 바로 『얼라이언스』에 나오는 개념이다.

맹자가 제나라 선왕에게 말한 것은 매우 중요한 인적 자원 관리에 관한 개념이다. 이는 직원의 이익과 회사의 이익을 통합하는 것으로 이 두 이익은 방향이 달라 서로 완벽히 일치시키기는 어렵다. 일부 기업의 관리자는 그릇이 작아 이기적이고 편협해서 직원들과 잦은 마찰을 빚어 결국 회사의 이익과 관리자 자신의 이익을 잃고 만다. 명나라의 재상 장거정張居正[58]이 죽었을 때 만력 황제가 가장 먼저 그의 모든 토지를 몰수했던 것처럼 사람이 떠나면 인정도 모두 사라지는 것과 같은 맥락으로 볼 수 있다.

---

58 장거정(張居正) : 명나라의 정치가로 전국적인 호구 조사 및 검지를 실시하여 지주와 농민의 균형을 꾀함으로써 명나라 제일의 정치가로 손꼽혔다. 그러나 본인의 이중적인 행보로 명나라를 멸망하게 하는 데 결정적 원인 제공을 한 인물이기도 하다.

현대 사회에서도 이 관점은 똑같이 적용되어야 한다. 직원이든 친구든 간에 모든 사람은 우리의 사유 재산이 아니다. 우리는 우리의 도량을 더 크게 하여 그들을 우리의 삶과 사업 파트너로 간주하고, 모두가 만족할 수 있도록 함께 이익을 함께 추구해야 한다. 이렇게 해야 조직의 결속력을 높일 수 있으며, 구성원들의 마음속에, 조직에 대한 신뢰감이 자연스레 싹트게 되어 긍정적인 순환이 이루어진다.

거창한 한 끼가 아닌
세심한 관심이 열정을 만든다

혼자서 즐기는 것과 다른 사람과 함께 즐기는 것,

어느 것이 더 즐겁습니까?

独乐乐, 与人乐乐, 孰乐?

『맹자孟子 · 양혜왕梁惠王 · 하下편』

    나의 첫 직장은 중국중앙텔레비전의 〈솔직하게 말하라〉 코너였고, 나의 직속 상관은 취용위엔崔永元앵커였다. 그는 녹화하는 틈틈이 우리 제작진 모두가 마음껏 마실 수 있도록 생수, 요구르트, 커피 등 다양한 음료를 제공했다. 당시 CCTV의 다른 제작진은 이렇게 좋은 대우를 받지 못했고, 보통 생수만 제공받았다. 나는 이 상황이 이해가 잘 되지 않아 취용위엔 앵커에게 물었다.

"선생님, 그냥 녹화할 때 물만 마시면 되는데 왜 이렇게 많은 음료를 사세요?"

"맞아요. 매번 음료수 값이 많이 들긴 해요. 그런데 제가 이렇게 하는 건 저희 코너가 뭘 하든 다른 팀보다 뛰어나다는 걸 보여주고 싶고, 직원들에 대한 이런 작은 배려가 더 큰 업무 능률로 연결이 된다는 걸 믿기 때문이죠."

생각해 보니까 확실히 그랬다. 당시 다른 제작팀의 도시락 평균 가격은 한 세트에 15위안(약 3,000원)이었는데, 우리 팀은 한 세트에 30위안(약 6,000원)이었고, 반찬의 종류 또한 그들보다 더 다양했다. 방송국 내 축구경기에서 다른 제작팀을 이기지 못하자, 취용위엔 상관은 명품 무릎 보호대와 손목 보호대를 완비해 주면서 장비에서 라도 이기라고 하셨다. 그때 당시 우리 제작진의 모든 구성원은 항상 의욕이 넘쳤고, 방송에 200%의 에너지를 투사했다고 말할 정도로 모두 기꺼이 전력을 다해 매달렸다.

모두의 노력으로 〈솔직하게 말하라〉는 당시 전국에서 가장 인기 있는 토크쇼가 되었다.

내가 이 예를 든 것은 삶과 일에서 우리가 어떤 일을 하든 그 일을 잘 해내려면 개개인의 노력은 반드시 필수적이라고 말하고 싶어서다. 여러분이 최선을 다하는 이유는 이 팀에서 존중받고 일을 추진할 힘과 의욕을 얻기 때문이다.

맹자는 양혜왕과 "음악을 혼자 즐기는 것과 함께 즐기는 것 중에 어느 것이 더 좋은가?"에 대해 토론한 적이 있다. 맹자는 한 나라의 군주로서 양혜왕이 음악을 좋아하면서도 백성들의 염원을 헤아릴 수 있다면 왕도가 이루어져 만백성의 인심을 얻게 되어 천하의 주인이 될 수 있다고 했다.

이 이야기는 한 팀의 리더가 팀원을 어떻게 관리해야 하는지를 알려 주고자 한다. **각 구성원의 요구와 이익을 고려할 때 '혼자 즐기는 것'보다 '같이 즐기는 것'의 의미를 깨닫게 되면 팀 구성원을 효과적으로 이끌게 되고, 모든 구성원의 업무 의욕을 자극할 수 있다.**

그런데 이것이 잘 안 되는 사람이 많다. 그들 마음속에는 삶이든 일이든 언제나 자신의 이익이 제일 중요하고, 다른 사람들은 자신을 위하여 움직여야 한다는 생각이 강하다. 나는 리더십을 강의할 때도 기업인들에게 직원들을 사유 재산으로 여기지 말라고 강조한 적이 있다. 모든 직원은 독립적인 개인이기에 자신만의 정신적, 사상적인 욕구가 있으며 이를 충족할 수 있어야 한다.

왜 현재 많은 기업의 직원 이직률이 점점 높아지고 있겠는가? 사업하는 친구들은 높은 이직률 때문에 항상 불만을 토로한다.

"왜 걸핏하면 그만두는 거지? 분명히 적지 않은 연봉인데, 이직하려 한다니 정말 양심도 없지 않냐?"

처지를 바꿔 생각해 보면, 이는 쉽게 답을 찾을 수 있는 문제다. 회사 경영자 입장에서는 직원들의 연봉이 이미 매우 높다고 생각이 들지 모르겠지만, 스스로 본인이 왜 창업을 하려고 했었는지 떠올려 보라. 누구든 더 높은 성장, 더 큰 발전을 이루고 싶은 것이 아니겠는가? 직원들이 창업을 생각해 퇴사한다고 해도 이상할 것이 전혀 없는 것이다.

예전에 인터넷 개인방송 BJ^{Broadcasting Jockey}가 쓴 책을 읽다가 흥미로운 사례 하나를 발견했다. 그는 처음 창업했을 때, 작은 공장을 하나 차렸는데 경험이 별로 없는 상태로 시작했던 터라 어려울 때마다 공장 운영 경험이 있는 친구에게 조언을 구했다. 그런데 그 친구 역시 경험은 있지만 큰 발전이 없었던 터라, 오히려 그녀에게 더 골치 아픈 이야기를 꺼냈다.

당시 BJ의 공장은 이제 막 가동 단계에 있어서 자금이 부족해 노동자들에게 부실한 식단의 음식을 제공할 수밖에 없었다. 그는 노동자의 업무가 매우 고된 일이라는 생각에 어느 날 퇴근 후, 직원들을 위로하기 위한 식사 자리를 마련했다.

식당에 가서 값비싼 해산물을 사준 BJ는 직원들이 분명 자신에게 호감을 느낄 것이라 기대했다. 그런데 뜻밖에도 얼마 지나지 않아 직원의 절반이 회사를 그만뒀다. 그는 한참이 지난 후에야 직원들이 대량으로 사직한 이유를 알게 되었다. 직원들은 사장이 비싼 해산물을 대접하는 것으로 보아 분명히 엄청난 영업이익이 발생했을 것이라 짐작했고, 그럼에도 자신들의 임금은 전혀 인상해 주지 않아 이를 괘씸하게 생각해 대거 사직한 것이었다.

사장이 해산물 회식을 시켜준 것은 분명 좋은 취지에서 시작한 일인데 대체 뭐가 문제였을까? 이 문제의 발단은 처지를 바꾸어 생각하지 않고, 조급히 행동한 데서 비롯되었다. 직원들의 모든 관심은 급여에 있었다. 해산물을 먹는 것보다 사장이 그 돈으로 업무 환경에 투자하거나 급여를 인상해 주길 바랐다.

만약 당신이 리더의 위치에 있다면 맹자의 말처럼 '함께 즐기는 것'을 배워 팀 구성원의 진정한 요구를 잘 해결하기를 조언하고 싶다. 모든 구성원의 요구 충족이 기본적으로 보장되어야만 그들 스스로 조직이 목표로 하는 위대한 꿈을 따라갈 수 있기 때문이다. 말단 직원의 경우 더욱 그렇다, 매일 그들 앞에서 비전, 전략을 이야기하는 것은 현실과는 거리가 너무 먼 이야기다. 그들이 가장 우려하는 문제를 해결하도록 도와야만, 그들 가슴 깊은 곳에 숨겨져 있는 적극성을 끌어낼 수 있다.

누구나 생각할 수 있는 상식에
그 답이 있다

개와 돼지가 사람이 먹을 양식을 먹어도 단속할 줄 모르고,
狗彘食人食而不知检,

길에 굶어 죽은 시체가 있어도 창고를 열 줄 모르며,
涂有饿莩而不知发,

사람들이 굶어 죽으면 '내 탓이 아니라 세흉歲凶 탓'이라고 하는 것은,
人死, 则曰："非我也, 岁也."

이는 사람을 찔러 죽이고서 '내 탓이 아니라
병기 탓'이라고 하는 것과 같습니다.
何异于刺人而杀之, 曰："非我也, 兵也."

왕께서 흉년을 탓하지 않으시면
천하의 백성들이 모두 위나라로 몰려올 것입니다.

王无罪岁, 斯天下之民至焉.

『맹자孟子 · 양혜왕梁惠王 · 상上편』

외부 강의를 할 때면 일부 기업 관리자로부터 이런 질문을 종종 받는다.

"판덩 선생님, 저는 우리 회사를 경영할 때 이미 제가 할 수 있는 최선의 노력을 다했습니다. 회사에 무슨 일이 있어도 항상 가장 먼저 책임지고 불평하지도 않습니다. 유수의 경영인들이 저만큼 노력하는 것 같지 않은데, 왜 우리 회사는 이 모양일까요?"

이 질문을 받을 때마다 나는 양혜왕이 맹자에게 물었던 질문을 떠올리곤 한다. 위나라의 양혜왕 역시 이 문제로 오랫동안 고민했었다. 그는 맹자에게 이렇게 물었다.

"과인은 나라를 다스리는 데 정말 최선을 다했습니다. 하내河內 지역(황허 이북 지역의 옛 이름)에 흉년이 들었을 때 젊은이들을 모두 하동河東으로 보내고 늙은이와 아이들에게는 구호양곡을 나누어 주었습니다. 그 반대로 하동에 기근이 들었을 때도 똑같은 방식의 구호책을 폈습니다. 주변국에 나보다 더 정성을 다하는 나라가 없을 텐데, 어찌 이웃 나라의 인구는 늘어만 가고, 우리나라의 인구는 늘지 않는 것입니까?"

당시는 농업 사회였으므로 모든 제후국의 국력은 기본적으로 자국의 인구수로 측정하였다. 인구는 전투력과 생산력의 바탕이 되므로 많은 인구수는 부강한 국가의 상징이었다. 당시에는 백성들이 마음대로 거주지를 옮길 수 있었고, 어느 나라든지 원한다면 살림살이를 짊어지고 가족을 데리고 가서 살 수 있었다. 그래서 양혜왕은 백성을 보살피고 군비를 충실히 하는 데 전심전력을 다했는데 왜 효과가 없는지 이해할 수가 없었다.

양혜왕의 질문에 맹자는 직접적인 대답을 하지 않고 재미있는 비유를 들었다.

> "전쟁에 비유해서 말씀드리지요. 가령 전장에서 격전이 벌어지려고 하는데 북소리가 울리고 병기가 부딪치는 소리가 나자, 겁이 덜컥 난 두 병사가 무기를 버리고 도망쳤다고 합시다. 한 병사는 오십 걸음을, 다른 병사는 백 걸음을 달아났습니다. 이때 오십 걸음 도망친 병사가 백 걸음 도망친 병사를 보고 '너는 비겁한 겁쟁이다'라며 비웃었다면 전하께서는 이를 어떻게 생각하시겠습니까?"

이것이 우리가 자주 인용하는 '오십보백보'라는 성어의 유래이다. 자신도 분명히 잘못을 저질렀고 단지 정도상에서 조금의 차이만 있었을 뿐인데, 도리어 다른 사람을 비웃는 것이다. 양혜왕은 이것이 분명 옳지 않다는 것을 알고 있었다.

> "전하께서 그 이치를 이미 알고 계신다면, 백성들의 반응에 대해서 조금도 섭섭하게 생각하실 필요가 없습니다. 전하께서 펴고 계신 정치는 다른 나라의 군주들과 비교했을 때 '오십보백보'의 차이일 뿐이라서 백성들은 큰 차이를 느끼지 못하는 것입니다."

양혜왕과 앞서 언급했던 기업 관리자는 전심전력으로 최선을 다했다고 생각하는 데에 문제가 있다. 일이 제대로 풀리지 않는 것은 문제를 해결하기 위한 가장 효과적인 방법을 전심전력을 다해 찾아내지 못한 데에서 기인한 것이다. 자신이 한 노력이 스스로 감동할 만큼이라고 자부한다고 최선은 아니다. 양혜왕처럼 한 나라의 군주가 자신이 수해 이재민을 구했다는 이유만으로 인자한 군주라 자처하면서, 원인을 제대로 찾아보지도 않고, 책임도 회피한 채 그저 효과가 나쁘다고 투덜대며 불평하는 것은 지도자로서 대업을 도모할 자격이 없는 것이다.

여기 재미있는 일화 하나가 있다.

세 사람이 업무를 분담해 해야 할 일이 있었다. 어느 날 어떤 사람이 지켜보았더니 한 명은 구덩이를 파고 다른 한 명은 와서 구덩이를 열심히 메우고 있었다. 구덩이를 파는 사람이 두 걸음 걸어가 또 구덩이를 파면 다른 한 명이 또다시 구덩이를 메웠다. 구덩이를 파고 메우는, 이런 말도 안 되는 작업을 끝도 없이 해대는 것이다.

그가 이를 보고 이상하게 여겨 무엇을 하고 있느냐고 물었다. 그러자 구덩이를 파는 사람이 이렇게 대답했다.

"보면 모릅니까? 우리는 나무를 심고 있습니다. 내 임무는 50개의 구덩이를 파는 것이고, 저 사람의 임무는 50개의 구덩이를 메우는 것입니다. 나무를 심어야 할 그 사람은 오늘 휴가를 냈습니다."

이것이 바로 요즘 사람들의 마음가짐이다.

"제 일이 아무 효과가 없다고요? 그건 저한테 뭐라고 하지 마세요. 다른 사람 때문이거나 외부 환경이 잘못된 거예요. 저랑 상관없어요."라며 오히려 기고만장이다. 웃기지 않은가?

『맹자 · 양혜왕 · 상편』에 이렇게 일렀다.

"개나 돼지가 사람이 먹을 것을 먹고 있는데도 단속할 줄 모르고, 길에 굶어 죽은 시신들이 널려 있는데도 창고를 열어 구제할 줄 모르면서 사람들이 굶어 죽으면 내 탓이 아니라 농사가 흉년이 든 까닭이라고 한다면, 이것은 사람을 찔러 죽게 하고서 내가 그렇게 한 것이 아니라 병기가 한 것이라고 말하는 것과 무엇이 다르겠습니까? 왕께서 농사가 흉년이 든 것을 탓하지 않으신다면 천하의 백성들이 위나라로 몰려올 것입니다."

이 말의 비유는 너무도 적절하다. 한 나라의 최고 지도자로서 나라에 흉년이 들었을 때 자신에게서 책임을 묻지 않고 오히려 자연재해 탓으로 돌린다면, 어떻게 나라를 잘 다스릴 수 있겠는가?

오늘날 많은 사람이 일을 하다 문제가 발생하면 먼저 상황 탓, 환경 탓으로 돌린다. 불평불만만 하고 모든 책임을 외부 요인으로 돌리는 것이다. 하지만 아무리 나쁜 환경에서도 일을 잘 해내는 사람이 있고, 또 성공하는 사람이 있다. 맹자의 견해는 우리 모두에게 문제에 직면했을 때 문제의 근본이 어디에 있는지 먼저 찾아야 한다고 경고하는 것이다.

문제의 근본은 다름 아닌 일반 사람으로서 가져야 할, 너무나 당연하다고 느껴지는 상식에서 벗어났기 때문이다.

나는 예전에 존 루이스 개디스John Lewis Gaddis가 저술한 『대전략 : On Grand Strategy』이라는 책에 대해 강의하면서 인류 역사상 많은 위대한 인물들을 열거한 적이 있다. 이 위대한 인물 중에서 상식에 대한 존중을 상실했던 사람들은 말년에 큰 잘못을 저질렀다. 마치 양혜왕처럼 말이다.

맹자가 하는 말은 모두 상식 수준이다, 백성들이 배불리 먹고 따뜻한 옷을 입고 편안하게 지낼 수 있다면 분명 당신에게 의탁할 것이다. 한 나라의 군주로서 이런 상식을 어떻게 모를 수 있겠는가? 백성들이 오지 않는 것은 군주가 이 당연한 상식을 잊었기 때문이다.

그렇다면 이들은 왜 기본적인 상식을 잊게 되었을까? 이미 타성에 젖었기 때문이다. 남들이 하는 것을 보고 자신도 그렇게 하고 심지어 남들과 비교하기도 한다. 남들보다 조금 더 잘했다고 생각하면 남들보다 더 많은 것을 얻어야 한다고 생각한다. 그리고 외부에 초점을 맞추고, 외부 조건에 책임을 떠넘긴다. 내부에서 원인을 찾지 못하고 스스로 반성할 줄 모르면 상식과 원래의 목표에서 점점 더 벗어나게 된다. 앞서 얘기한 우스갯소리에서 두 사람이 나무를 심은 것과 다를 바가 없다. 그들이 나무를 심는 방법을 몰랐겠는가? 알고 있었지만 묘목을 심는 것은 다른 사람의 일이지 자신과는 상관없는 일이라고 생각했기 때문이다.

우리는 문제가 있으면 먼저 자신에게서 그 문제의 원인을 찾는다는 원칙을 따라야 한다. 목적을 달성하지 못하면 먼저 자신을 반성하고, 문제가 생겼을 때 책임을 회피하기보다 자신에게서 원인을

찾아야 한다. 스스로 가장 상식선에서 원인을 찾고, 책임을 찾고,
방법을 찾는 일부터 시작해야 해결의 실마리를 찾을 수 있다.

자기 우상화의 함정에서
벗어나라

옛날의 어진 임금은 선을 좋아하여 권세는 잊어버리고 있었다.
古之贤王好善而忘势.

임금이 그러한데 옛날의 어진 선비가 어찌 홀로 그렇지 않았겠는가?
古之贤士何独不然?

자기의 도를 즐겨하고 남들의 권세는 잊어버리고 말았다.
乐其道而忘人之势.

『맹자孟子 · 진심盡心 · 상上편』

진짜 강한 사람에게서 보이는 지혜, 용기, 자애, 절제, 탁월함 등은 그 사람의 내적 원천에서 끊임없이 솟아 뿜어져 나온다. 앞서 언급한 것들은 모두 사람을 강하게 만들어 주는 중요한 요소이다. 그러나 현실에서 보는 어떤 사람들은 다른 사람들이 자신을 두려워하고 복종하고 숭배하도록 만드는 것이 진정한 강인함이라고 여겨 사람들을 대할 때 항상 거만한 자세를 취하려 한다. 심지어 거만함이 몸에 배어 있기도 하다.

심리학자들은 다른 사람에게 두려움을 느끼게 하는 힘과 다른 사람의 마음에 경외심을 심어주는 힘은 전혀 다른 것이라고 말한다. 전자는 도피 심리만 불러일으킬 뿐이고, 후자는 가까이 있고 싶고, 믿고, 그의 편에 서고 싶게 만든다. 그래서 '자기 우상화'를 내려놓을 줄 알아야 진정으로 강해질 수 있다.

맹자의 말에 따르면, 가까이 있고 싶게 만드는 사람들은 '선한 것을 좋아하나 권세는 염두에 두지 않는 사람'의 부류에 속한다고 볼 수 있다. 고대의 어진 군주나 현인처럼 '도를 즐기나 다른 사람이 가진 권세는 염두에 두지 않는 사람'에 속하는 것이다. 그들은 권세가 있고 지위가 높을 수도 있지만, 선한 말을 추구하고 끊임없이 발전하기를 바라기 때문에 덕행과 능력이 있고 재능이 있는 사람들과 마음을 나눈다.

그러나 현실 사회에서 나는 허세 부리기 좋아하는 사람들을 많이 만났고, 그중에는 권력과 지위를 가진 지도자나 대기업 총수도 있었다. 그들은 자신이 성공한 사람이라는 자부심을 내려놓지 못하고, 자기 우상화도 전혀 내려놓지 못한다. 겉보기에는 매우 친화력이 있어 보이며 그 누구와도 화기애애하게 이야기할 수 있는 사람인 듯하지만 일단 문제가 발생하면 그들은 즉시 본색을 드러낸다.

"아! 됐습니다. 이 일은 더 이상 말하지 말고 내 말대로 하세요!"

이런 사람들은 스스로 권력과 자신을 꽁꽁 묶어, 내려놓을 수도 없고, 내려놓고 싶어 하지도 않는다. 이렇게 되면 주변 사람들과 소통하기 어려워진다.

진정으로 강하고 큰 사람은 다른 사람과 토론할 때 쉽게 결정을 내리지 않으며, '내 뜻을 따르라'는 말도 쉽게 하지 않는다. 대신 겸손하게 조언을 구하고, 다른 사람의 의견이나 생각을 경청하며, 적극적으로 사물의 본질을 파악하기 위해 노력한다.

공자께서 이르길, "높고도 거룩하도다! 순 임금과 우 임금은 천하를 얻고도 왕위 세습에 관여하지 않았다."라고 하였다. 순과 우라는 사람은 그렇게 위대하고 천하의 통치자임에도 천하를 군림하고 있다는 생각이 들지 않으니 정말 대단하지 않은가? **그들에게 제왕의 자리는 천하를 좌지우지할 수 있는 권력, 신분, 지위의 상징이 아니라 '책임의 상징'이었다.** 지위가 높을수록 책임도 커진다는 것을 그들은 알고 있었다. 순과 우는 천하를 품에 넣었어도 제왕의 자리에 앉은 것을 대단하다고 생각하지 않고, 단지 더 큰 책임을 지고 있을 뿐이므로, 공자는 그들을 '높고도 거룩하다'라고 칭송한 것이다.

생활 속에서나 직장에서나 이런 자질을 갖추는 것은 매우 중요하다. 왜 어떤 사람들은 다른 사람의 존경과 인정을 받지 못하는가? 왜 어떤 기업은 영속성을 갖지 못하고 사라지는가? 그 이유는 기업의 리더가 자신의 기업 발전의 한계점을 찍는 장본인이기 때문이다. 그들은 자신의 신분과 지위를 놓칠 수 없고, 항상 큰 인물과 지도자로서 자신의 우월성을 보여주어야 하므로 다른 사람의 의견을 듣는 것을 꺼린다. 시간이 지나면 자연스럽게 다른 사람들도 더 이상 의견을 제시하기가 싫고, 다가가기조차 싫어질 것이다.

『노자』에도 이런 말이 있다.

> "위대한 성인은 스스로 자신의 몸을 뒤로 물리려 하지만, 외려 남들이 앞으로 밀어주어 어느덧 앞에 있고, 밖으로 몸을 내려 스스로 도외시하려 하지만, 오히려 안에 들어와 남들이 귀히 대접한다."

이는 '성인은 양보하고 경쟁하려 하지 않아도 오히려 여러 사람보다 앞서는 자리에 서게 되고, 자신의 생사를 도외시하려 하지만, 오히려 자신의 목숨을 지킬 수 있게 된다'는 뜻이다. 만약 자신이 최우선이 되어야 한다는 생각을 버리고, 자신의 권위는 내려놓고, 주변 사람들과 더 많이 소통한다면, 또한 누구나 다른 의견을 제시할 수 있도록 허용하고, 타인이 결점과 잘못을 지적하면 겸허히 수용하고, 심지어 자신의 결정을 뒤집는 것까지 받아들일 수 있다면, 그 능력의 한계점은 끊임없이 돌파되고, 능력은 날이 갈수록 향상되어 자신을 더 멀리까지 나아가게 할 수 있을 것이다.

나는 회사에서 직원들에게 '계급장을 떼고'라는 말을 자주 한다. 모두 자유롭게 말할 수 있고, 좋은 생각이나 건의가 있으면 지체하지 않고 바로 제기해야 하며, 모두 함께 토론하고 반론하는 분위기를 만들기 위해서다. 나는 요즘 젊은이들보다 더 잘할 수 있지 않다는 것을 알기 때문에, 계급장을 떼고 하는 회의는 나에게 있어 매우 즐거운 일이다. 영상을 만드는 것만 해도 회사에서 영상을 제작하는 사람이 총 몇 명인지, 각종 응용 프로그램이 어떻게 작동하는지 나는 전혀 알지 못한다. 하지만 나는 그들이 나보다 더 잘한다는 것만은 알고 있다.

우리 회사는 주위의 모든 잡념, 방해물들을 차단하고 원하는 어느 한 곳에 자신의 모든 정신을 집중하는 '몰입하는 사람이 되자'라는 구호를 적극적으로 제창한다. 사람이 달라지려면 한 가지 일에 몰입해서 생각하고 연구해야 한다. 몰입할수록 더 가치 있는 결과가 도출된다. 몰입하면 분명히 더 잘할 수 있다.

직원들은 분명 대표보다 더 신경 써서 일을 잘할 것이다. 그러니 쓸데없이 걱정할 필요는 없다. 게다가 대표가 나서서 더 많이 관리하면 직원들은 더 적게 관리해야 한다. 모두가 대표 말만 듣는다면 회사의 병목 현상을 일으키는 주범이 될 것이다. 모든 업무를 대표가 관리하면, 대표 손으로 직접 모든 업무의 병목 현상을 조성하는 꼴이 된다. 과감히 직원들이 마음껏 일할 수 있도록 내버려 두어라. 대표의 체면 따위는 고려의 대상이 아니다. 물론 체면이나 개인의 이익 문제, 나아가 내면의 안정감까지 얽혀 있어, 이렇게 하기가 쉽지는 않을 것이다. 만약 조금만 반대 의견을 들어도 반란을 일으킬 것 같고, 자기가 말한 대로 되지 않아 심리적으로 받아들이기 힘든 마음가짐이라면 언제가 되더라도 스스로 한계점을 돌파하기는 어려울 것이다.

비효율적 부지런함은
자기기만이다

주공은 우禹·탕湯·문무文武 세 임금의 덕을 모두 겸하시어,
周公思兼三王,

그분들이 행한 네 가지 일을 행하려고 생각하시었다.
以施四事.

그것이 실정에 부합하지 못하면 하늘을 우러르며
낮부터 밤까지 이어 생각하시었고,
其有不合者, 仰而思之, 夜以継日,

다행히 그 도리를 터득하게 되면 이를 빨리 실천하기 위해서
그대로 앉아서 날이 새기를 아침까지 기다리셨느니라.
幸而得之, 坐以待旦.

『맹자孟子 · 이루離婁 · 하下편』

친구 중에 교육 관련 사업을 하는 친구가 한 명 있다. 그도 나처럼 독서를 좋아하는 사람인데 과장을 조금 보태면 그의 집은 거의 책으로 뒤덮여 있다.

그는 매해 연간 독서 계획을 수립한다. 예를 들면 1년에 100권의 책을 읽겠다는 목표를 세우면 그다음 목표를 분석한다. 계산을 해 보면 아마도 매일 20~30쪽을 읽어야 할 것이다. 때로는 아무리 피곤하더라도 목표량을 채우기 위해 잠도 설쳐가며 책을 읽어야 한다. 2년여 동안 그는 적어도 300권 이상의 책을 읽었을 것이다.

그런데 한번은 그와 이야기를 나누다가 여러 질문을 하게 되었다.

"매년 그렇게 많은 책을 읽는데 특별히 기억에 남는 책이 있어?"

"지금까지 읽은 책 중에 어떤 내용이 가장 기억에 남고, 의사결정을 하는 데 어떤 영향을 끼쳤나?"

그는 한참을 생각하더니 간신히 입을 열었다.

"책을 읽기는 많이 읽었는데, 지금에 와서 다시 생각해 보니까 대부분 헛되이 읽은 것 같아. 책에서 볼 수 있는 요즘의 가치는 과거에 볼 수 없었던 가치이고, 과거에 책에서 보았던 내용은 지금은 잘 기억나지 않네."

얼핏 보면 친구는 매우 부지런하고 열심히 사는 사람인데 왜 원하는 결과를 얻지 못했을까? 아마도 그것은 책 내용을 제대로 이해하고 소화하지 못한 채 비효율적인 독서를 반복했기 때문일 것이다.

바로 여기에 '비효율적인 근면'의 문제가 내포되어 있다. 열심히만 하면 좋은 결과가 있으리라 생각했는데, 지금 보니 전혀 그렇지 않은 것이다. 방법이 틀리면, 그동안의 노력이 헛수고가 되는 경우가 허다하다. 예를 들어, 빈번하게 열리는 다양한 회의가 그렇다. 이러한 회의는 대부분 시간만 많이 소요하고, 회의 참가자의 집중력이 떨어질 수 있어 비효율적이고 무의미한 경우가 많다. 또한 이 회의들로 인해 매일 해야만 하는 업무를 제시간에 완료할 수 없기도 한다. 또 회의는 문제를 해결하기 위한 노력, 앞으로 나아가고 있는 것 같은 느낌이나 프로젝트를 부지런히 추진하고 있는 것 같은 착각을 불러일으키기 쉽다. 그러나 사실 회의는 몇 시간 동안 하나 마나 한 수다를 떨고 있을 가능성이 크다.

『맹자』에는 '근면함'에 대한 많은 예가 기록되어 있다. 이를테면 위대한 우禹임금이라 불리는 대우大禹의 일화가 이에 속한다. 대우는 홍수의 피해를 극복하기 위한 강바닥 토사 제거 공사를 직접 감독하는 과정에서 자기 집 문 앞을 세 차례나 지나면서도 들르지 않을 정도로 부지런한 사람이었다. 순舜의 선양禪讓을 받아 왕위를 계승하게 된 뒤 직위가 바뀌면서 술과 음식을 즐기지 않는 육체적 근면, 간언을 잘 듣는 정신적 근면을 실천하는 사람이 되었다. 그래서 맹자는 이를 가리켜 '우왕은 나라를 망치는 맛있는 술을 싫어하고, 나라를 흥하게 하는 선한 말을 듣기를 좋아하였다'라고 하였다.

『맹자 · 이루 · 하편』에 이렇게 기록되어 있다.

> "문왕은 백성을 바라봄에 다친 사람을 돌보는 것처럼 여기
> 셨으며, 도를 갈구하기를 아직 보지 못한 듯이 여기셨다. 무
> 왕은 가까운 사람을 함부로 대하지 않으시면서 멀리 있는
> 신하 또한 잊지 않으셨다."

이는 문왕은 백성들이 이미 편안하게 살고 있었는데도 백성들이
입었던 피해를 생각해 그들을 보호하고 보살펴서 '어떻게 하면 백
성들이 더 잘 살 수 있을까'를 고민함과 동시에, 자신은 이미 현덕
을 지닌 군왕이면서도 여전히 도를 구하는 마음이 있고, 도에는 끝
이 없고, 배움에는 끝이 없다고 여겼다는 뜻이다. 무왕은 치밀하고
시려 깊은 사람이라서 항상 주변 사람들에게 소홀히 하지 않고 존
경을 표했고, 멀리 있는 대신들까지도 소홀히 하지 않았다. 이것들
은 모두 효과적인 근면의 사례다.

그리고 주공은 앞선 선대 왕들을 뛰어넘는 부지런함의 표본이었
다. 무왕이 죽은 후 주공이 왕을 보좌하면서 천하의 무거운 짐을 주
공이 이어서 짊어져야 했다. 그는 문왕, 무왕의 유지를 계승했을 뿐
만 아니라 대우, 상탕의 행동을 배우며 3대 성군의 덕행을 하나하나

펼쳐나갔다. 자신의 경험 중 일부가 당시의 상황과 일치하지 않으면 그는 밤낮으로 깊이 고민했고, 한밤중에 해결 방안이 생각나면 아예 잠을 안 자고 날이 밝을 때까지 앉아 있다가 바로 밀어붙였다.

여기까지 보았을 때, 당신은 '비효율적 근면'은 종종 체력적인 면에서 문제가 나타날 수 있다는 것을 알 수 있을 것이다. 생각하지 않고, 방식과 방법을 따지지 않고, 단지 열심히 일만 하면 결과적으로 일을 할수록 체력만 바닥나고, 효과도 좋지 않다는 것을 말이다. **진정한 지혜는 '비효율적인 부지런함'과 결별하고, 더욱 간결하고 효과적인 방법으로 문제를 해결하기 위해 적극적으로 고민하는 것이다.** 정신적 게으름을 육체적 근면함으로 덮지 말라는 말이 있다.

"저 피곤한 거 안 보이세요? 이렇게 피곤한데 제가 어떻게 여기서 더 하겠어요?"

"제가 이렇게 바쁘게 지내는데 아직 돈도 많이 못 벌었어요!"

여기서 말하고 싶은 것은, 이런 말을 하는 당신은 분명 더 중요한 게 무엇인지에 대해 골똘히 생각하지 않았다는 것이다.

당신은 대부분 남들보다 모자라거나 부족하기 때문이 아니라 공부하고 업무를 처리하는 과정에서 분명 더 나은 방법과 전략이 있는데 이를 생각하지 않고, 그저 고개를 숙이고 열심히 걷는 것에만 집중하였다. 그래서 바로 당신 옆에 더 쉽게 올라갈 수 있는 엘리베

이터가 있다는 것을 발견하지 못한 것이다.

그렇다. 누가 뭐라고 해도 부지런한 것은 분명히 잘못된 것이 아니다. 근면은 우리 모두에게 없어서는 안 될 필수적 자질이다. 당시 주공은 지난 3대 현왕을 본받아 그들의 지혜를 집대성하였고, 더없이 부지런한 성실함으로 대업을 잘 완수해 냈다. 그에 비한다면 평범한 우리는 더욱 부지런해야만 자신의 포부와 재능을 유감없이 발휘할 수 있을 것이다.

길이 없는 곳에
길을 만드는 것이 인생이다

산에 난 작은 길도 자주 다니면 큰길을 이루지만,
山径之蹊间, 介然用之而成路,

한동안 사용하지 않으면 띠가 자라서 길을 막는다네.
为间不用, 则茅塞之矣.

지금 띠가 자라나 그대의 마음을 막고 있구나!
今茅塞子之心矣.

『맹자孟子 · 진심盡心 · 하下편』

최근 많은 사람이 직장이나 일상생활에서 일시적으로 해결하기
어려운 문제에 직면했을 때 첫 번째 반응은 인터넷을 검색해 기존

에 있는 해답이나 방법을 찾는 것이다. 이것은 확실히 쉽고 빠르게 정답에 접근하는 방법이기는 하지만, 동시에 새로운 문제를 야기한다. 바로 '아무도 생각하지 않으려 한다는 것'이다. 그리고 파생된 또 다른 문제는 깊은 고민 없이 검색해서 얻은 답은 문제의 단편적인 면만을 해결할 수 있을 뿐 근본적 원리를 이해하기 위해 포괄적으로 접근하지 못하는 경우가 많다는 것이다.

더 큰 문제는 그 당시에 검색을 통해 어떤 문제에 대한 답이나 방법들을 찾아냈더라도 시간이 지난 후에 그 문제를 다시 보거나 맞닥뜨렸을 때는 여전히 어떻게 풀어야 할지 모른다는 점이다. 그래서 다시 검색하고 또다시 잊어버리는 과정을 반복하게 된다. 같은 질문을 두 번 이상 검색해 본 경험이 분명 다들 있을 것이다. 그런데 왜 여러 번 검색을 통해 알아낸 답안과 방법을 여전히 기억하지 못하는 것인지에 대해 생각해 본 적이 있는가?

그 이유는 간단하다. 깊이 생각하지 않았고, 해답의 유래를 이해하지 못한 채 단지 답을 수동적으로 받아들였기 때문이다. 이렇게 단편적으로 받아들인 기억은 오랜 기억 속에 저장하기가 어렵다. 스스로 깊이 생각하고 연구해 얻은 답이나 방법만이 기억에 남는다.

『맹자 · 진심 · 하편』에 사고의 부재에 대해 이렇게 일렀다.

"산속의 길도 한동안 사람들이 자주 다니면 큰길이 되고, 한

동안 사용하지 않으면 띠(볏과에 속하는 여러해살이풀)가 자라서 길을 막는다. 그런데 지금 띠가 그대의 마음을 꽉 막고 있다."

이와 관련한 명언은 또 있다.

"사실 땅에는 길이 없다. 걷는 사람이 많아지면 그게 길이 되는 것이다."

이 말은 루쉰魯迅 선생의 명언이다. 사실 엄격히 말하면 루쉰의 이 명언 또한 맹자에서 비롯된 것이다.

맹자에게는 고자高子라는 제자가 있었다. 고자는 제나라 사람으로 맹자의 문하에 들어가 배웠지만, 스스로 공부하는 것을 싫어해 그저 스승의 가르침만 구하려 했다. 그래서 하루 종일 스승이 얼마나 가르쳤는지 평가하기도 했으며, 어느 순간 소득이 없다고 느끼면 분노를 일삼기도 했다.

"이거 참 큰일입니다. 스승님. 제가 스승님을 잘못 선택한 것입니까? 저는 스승님에게서 아무 것도 배우지 못했습니다!"

맹자는 이 말을 듣고 위의 말처럼 '산속의 오솔길도 사람이 다니면 큰 길이 된다'는 말로 그를 꾸짖었다.

맹자의 말처럼 작은 오솔길도 자주, 오래 걸으면 정말 큰 길이 된다. 그러나 한동안 아무도 이 길을 걸어 다니지 않으면 주변의 잡초가 길을 막아서 찾을 수 없게 된다. 이 꾸짖음의 맺음말로 맹자는 "오늘 당신의 마음은 막혔다."라고 정리하였다.

맹자가 제자에게 전하고 싶은 가르침은 진정으로 배우고 싶고 자신의 식견을 향상하려면 항상 멈추지 말고 생각해야 한다는 것이다. 만약 당신이 선생님에게 도리를 배웠지만 마음에 깊이 새기지 않고 성실하게 이행할 수 없다면, 당신의 마음에서 어렵게 열린 그 틈과 어렵게 정리한 그 생각들은 곧 다시 잡초로 뒤덮여 아무것도 보이지 않게 될 것이다.

이 이야기는 사실 우리에게 사람은 항상 생각해야 한다는 것을 일깨워 준다.

'사상'이란 것은 사람들이 생각을 통해서 얻어낸 산물이다. 항상 여러 가지 문제에 대해 심도 있게 생각하는 태도를 가지면 문제에 대해 점점 더 깊이 인식하고, 더 많은 해결책을 찾을 수 있다. 반대로, 사고력이 부족하면 아무리 유명한 스승을 따라다녀도 경직된 지식만을 주입식으로 받아들이게 되어, 하나를 보면 열을 알기는커녕 그 하나도 제대로 알지 못하게 된다. 결국 당신은 결코 발전할 수 없고, 깨우쳐 일어나지 못하게 된다.

'게으른 개미 효과'에 대해 들어본 적이 있는가? 개미 무리에서 개미들 대부분은 부지런하다. 매일 개미구멍을 청소하고 음식을 나르고 어린 개미를 돌보느라 항상 바쁘다. 하지만 하루 종일 아무 일도 하지 않고 개미 떼 주변을 두리번거리며 빈둥빈둥 놀고 있는 게으른 개미들이 있다. 흥미로운 것은 먹이가 없어지는 등 개미 떼가 위기를 맞으면 평소 부지런하던 개미들은 어떻게 해야 할지 몰라 우왕좌왕하지만, 이 게으른 개미들은 당황하지 않고 새로운 먹이를 구할 수 있는 곳으로 개미 떼를 데리고 이동한다.

알고 보니 그 게으른 개미들은 정말 게으른 것이 아니라 정찰과 사색에 대부분 시간을 할애하고 있었다. 매일 빈둥빈둥 놀고 있는 것처럼 보이지만 사실 그들의 뇌는 생각을 멈추지 않았다.

맹자의 가르침이든 '게으른 개미 효과'든, 이것들은 모두 언제 어디서든 우리의 생각을 멈추면 안 된다는 메시지를 우리에게 전달하고 있다. 깊이 생각해야 진정으로 원하는 목표와 성취에 다가갈 수 있다.

"판덩 선생님, 그렇게 많은 책을 읽었는데도 저는 왜 운명을 바꾸지 못하는 것입니까?" 독자들 중에는 이런 질문을 하는 사람들이 많다. 그러면 나는 이렇게 대답한다.

"운명의 변화는 은연중에 감화되는 과정이고, 독서가 인생을 변화시키는 것은 종 모양의 곡선으로 처음에는 쌓아가는 과정에 있는 것입니다. 많은 책을 읽었음에도 변함이 없다고 느낄지 모르지만, 언젠가 운명의 변화는 갑자기 찾아올 것입니다. 이 모든 것은 당신이 앞서 축적한 것들과 떼려야 뗄 수 없는 관계에 놓여 있습니다."

내가 말하고 싶은 것은, 지금 당장은 학습 성과를 볼 수 없을지도 모르지만, 지속적인 학습과 사고는 끊임없이 자기 사고의 한계를 돌파하게 하여 점점 더 큰 세상을 보게 한다는 것이다. 아는 만큼 보이고, 보이는 만큼 점점 더 많은 삶의 부를 얻게 되어 새로운 세계를 열 수 있을 것이다.

강적의 상대를 만난다면
악수를 청하라

> 천하가 진실로 제齊나라의 강함을 두려워하는데,
> 天下固畏齐之强也,
>
> 지금 다시 땅을 배로 확장하며 인정仁政을 펴지 않는다면,
> 今又倍地而不行仁政,
>
> 이것은 천하의 군대를 움직이게 하는 것이 옵니다.
> 是动天下之兵也.
>
> **『맹자孟子 · 양혜왕梁惠王 · 하下편』**

현대 사회에 있어 '경쟁'은 모두에게 익숙한 단어이며, 상태다.
이러한 경쟁 상태가 정상적인 일상이고, 시장이 건강하게 발전하는

과정에 있는 것이다. 이러한 관념이 생긴 이유는 이전 시대의 한정된 자원 때문이었다. 제한된 자원으로 상대가 얻은 것이 많다면, 내가 얻은 것은 적기 마련이다. 그래서 모두가 필사적으로 더 많은 자원을 쟁취하려고 발버둥을 치고 있다. 하지만 이제 인류는 서로를 향해 칼을 겨누는 경쟁으로 치닫는 것이 더 나은 발전을 이룰 수 없다는 것을 점점 깨닫고 있다. 그래서 지금은 오히려 더 많은 협력자를 찾고 있는데 심지어 자신의 경쟁자와도 협력관계를 구축할 수 있을 정도다. 상대가 죽지 않으면 내가 죽을 수밖에 없는 첨예한 경쟁부터 서로 상생을 추구하는 경쟁은 오히려 더 많은 잠재력을 끌어올려 주었고 더 많은 발전을 이루었다.

우선 항공업의 예가 있다. 우리가 보기에 주요 항공사들은 서로 경쟁 관계이지만, 실제로 항공사들은 항공 코드를 공유하는 등 매우 긴밀한 협력관계를 맺고 있다. 또 다른 예로 물류 산업을 들 수 있는데 미국의 DHL 택배 회사는 한때 택배 운송을 위해 '철천지원수'였던 기업과도 협력관계를 체결했다. 이는 경쟁만이 유일한 생존 방법은 아니라는 것을 잘 보여주는 예다.

〈하버드 비즈니스 리뷰Harvard Business Review〉에서 미래에는 인류가 점점 더 거대한 프로젝트에 직면하거나 잠재된 위험이 커져서 개인, 기업, 심지어 한 국가마저도 혼자 힘으로는 도저히 대처할 수 없게 될 것이라고 언급한 바 있다. 이런 상황에서 경쟁사와의 협력은 필연적인 선택이다.

사실 현재뿐만 아니라 고대 제후국들 사이에서도 종종 합종연횡合從連橫59하여 외부의 적에 맞서 싸웠다. 그래서 당시에도 현인, 지식인 등이 군주와 이를 화두로 자주 논의했다. 이를테면 맹자가 제나라 선왕과 치국 책략을 논의할 때 이 방면의 내용을 다루었다. 당시, 제나라는 내란을 틈타 연나라를 점령했다. 이때 다른 제후국들은 섣불리 나서지 않고 약 50일 동안 전황을 지켜보고 있었다. 이는 제나라가 제후국이 유지해 오던 전략적 균형을 깨뜨렸기 때문이다, 제나라가 이전보다 더 강해졌으므로 다른 제후국에는 이것이 위협적으로 느껴졌다. 그래서 제후국들은 제나라를 공격해서 연나라를 구할 계획을 세웠다.

제나라 선왕은 각국이 연합하여 자신을 치려는 것을 알고 두려워하며 맹자와 함께 대처 전략을 모색했다.

"제후국들이 과인의 나라를 공격하려고 논의하는데 이에 어떻게 대응해야 하겠소?"

---

59 **합종연횡(合從連橫)** : 합종의 '종(縱)'은 세로로 남북(南北)을, 연횡의 '횡(橫)'은 가로의 뜻으로 동서(東西)를 말한다. 다시 말해 '가로세로 외교동맹'이다. 전국 시대 남북 합작 방위동맹으로 진(秦)나라에 대항하는 것이 공존공영의 길이라는 '합종책'과 진나라와의 연합만이 안전한 길이라는 '연횡책', 이 두 외교 정책을 뜻한다. 이를 추진하는 협상가를 종횡가(縱橫家)라고 부르게 되었다.

"신은 국토가 사방으로 70리뿐이었지만 천하를 다스린 자가 있다고 들었는데, 그가 바로 탕왕입니다. 그런데 천 리나 되는 큰 나라를 가지고도 남을 두려워했다는 자는 아직 듣지 못하였습니다. 중요한 것은 역시 왕께서 어진 정치를 행하고 있느냐, 정의를 추구하고 있느냐는 것입니다. 탕왕이 갈나라를 정벌할 때 갈나라 백성들은 모두 기뻐하며 길 가운데에서 환영하고, '인자한 우리 임금님이 오시거든 삶이 죽는 것만도 못할 만큼 고됐던 우리가 살아나리라'라고 했습니다. 탕왕은 백성들에게 선정을 베풀었고, 백성들은 그를 지지했으며, 결국 천하를 통치하게 된 것입니다. 지금의 연나라는 갈나라와 같았습니다. 군왕이 백성들을 학대하고 있고, 그래서 왕께서 연나라를 토벌할 때 백성들은 왕께서 그들을 구할 수 있다고 생각했던 것입니다. 그런데 왕께서는 어찌하셨습니까? 연나라를 점령한 후에 어진 정치를 하시지는 않고 연나라 종묘를 허물고, 중요한 국보를 빼앗았을 뿐만 아니라 백성을 죽이고 포로로 끌고 왔습니다. 어떻게 그리하실 수 있습니까?

게다가 다른 제후국들은 '천하의 모든 나라가 제나라가 강해지는 것'을 두려워하고 있습니다. 이 나라들은 원래 제나라의 강대함을 두려워했는데 지금 연나라를 점령한 후 제나라의 영토가 두 배나 늘었습니다. 왕께서는 인의 정치도 베풀지 아니하시면서 매일 다른 나라와 전쟁할 생각만 하고 있으시니, 당연히 제후국들이 연합하여 제나라를 토벌하려는 것입니다.”

이는 청나라가 건국되는 과정을 다룬 『홍업洪业, The Great Enterprise』
[60]이라는 책을 떠올리게 한다. 명나라 말, 청나라 초기에는 많은 사람이 ‘반청복명反淸復明’을 내걸고 청나라 정부에 반기를 들었었다. 하지만 청나라 개국 시기에는 그렇게 많은 사람이 반대하지 않았었다. 도도多铎[61]가 군대를 이끌고 강남으로 갔을 때, 백성들은 기본적으로 물과 밥을 들고 자신을 구해 주기를 바라며 그들을 맞이했다. 그러나 청나라 군대가 들어온 지 얼마 되지 않아 한족을 통치하기 위해 전국에 삭발령을 내리고, 백성들에게 만주족의 의관으로 바꾸라고 명령하며 불복종하는 자는 엄하게 벌했다.

옛사람들은 ‘신체발부 수지부모身体发肤, 受之父母’라 하여 신체는 부모로부터 물려받은 것이라 중요시했기 때문에 다른 사람이 강제로 머리를 깎고자 할 때 백성들이 이를 순순히 받아들일 리 만무했다. 그래서 결국 민심은 돌아섰다.

---

60 『홍업(洪业, The Great Enterprise)』 : 프레드릭 에반스 웨이크먼 주니어(Frederic Evans Wakeman Jr)가 저술한 17세기 중국의 명청 교체 시기의 만주의 역사를 담고 있는 서적이다.
61 아이신교로 도도(Aisin Gioro Dodo, 愛新覺羅 多鐸) : 청나라 초기의 정치가로 누르하치의 15번째 아들이자 섭정왕 도르곤의 아우다. 남명 정벌에 참여하여 공을 세운 인물이기도 하다.

맹자의 말도 같은 이치다. 제선왕이 남의 나라를 빼앗고, 남의 물건을 빼앗고, 백성을 학대하는 것을 본 다른 나라는 분명, '우리나라의 내일이 작금의 상황이겠구나. 이런 '내일'이 오지 않도록 빨리 연합하여 제선왕을 없애야겠다.'라고 생각했을 것이다.

그래서 맹자가 제선왕에게 건의했다.

"연나라 백성들과 그들이 원하는 새로운 군주를 세우시옵소서. 왕께서 잡아 온 노인과 아이들을 풀어주고, 연나라의 국보를 돌려주라는 명령을 빨리 내리셔야 합니다. 이렇게 하면 각국을 철수시키기에 아직 늦지 않을 것입니다."

현재 많은 기업이 인수합병을 자주 단행하고 있는데, 이러한 방식은 제나라 선왕이 연나라를 점령한 방식과 매우 유사하다. 인수합병 역시 많은 문제점이 도사리고 있다. 역사적으로 유명한 기업들이 합병한 이후에 역사 속으로 자취를 감췄다. 물론 성공한 사례도 있다. 예를 들면 디즈니가 세계에서 제일 영향력 있는 CG 애니메이션 제작사 픽사를 인수한 것이다. 당시 픽사는 자신이 디즈니에 인수되면 디즈니의 거대한 관료 시스템에 편입될 것을 우려했다. 그렇게 되면 픽사는 더 이상 〈토이스토리〉 같은 창의적인 영화를 만들 수 없을지도 모른다고 생각했기 때문이다.

그런데 당시 디즈니의 CEO였던 로버트 앨런 아이거Robert Allen

Iger는 픽사 사람들에게 "내가 픽사를 인수한 것은 픽사를 우리 것으로 만들기 위해서가 아니라 우리보다 더 뛰어난 기술을 보유하고 있기 때문이며, 더 나은 상생을 위해 픽사를 인수하는 것"이라고 말했다.

이를 통해 우리는 알 수 있다. 강자와 강자 사이에 경쟁의 관계만 있는 것은 아니다. **강자와 강자가 손을 잡아 협력을 실현하면 서로의 능력과 장점을 더 잘 발휘하고, 서로를 더 강하게 만들어서 장기적인 발전을 도모할 수 있다.** 그래서 미국 상업계에는 다음과 같은 명언이 있다.

"상대를 이길 수 없다면, 한편이 되어라."

현대 사회에서 경쟁은 더 이상 죽고 사는 문제가 아니라 더 높은 차원의 공생관계를 수립하는 것이다. 기업은 상생을 했을 때 더 많은 이익을 추구할 수 있다. 이것은 또한 맹자가 말한 바와 같은 이치다. 상대방이 더 잘 발전할 수 있도록 돕고, 협력사 직원이 기뻐할 수 있도록 만든다면 모두가 당신을 따를 것이다.

그러나 안타깝게도, 제나라 선왕은 맹자의 말을 듣지 않아 후에 연나라의 복수로 전세가 뒤집혀 쇠락의 말로에 일렀다. 그러나 이 이야기에 담긴 이치는 매우 명확하다. 당신이 운영하는 기업이나 국가의 발전 여부는 강력한 시너지 효과를 낼 수 있는 협력 또는 합병과 인수의 중요한 출발점이 좌우할 것이다.

당신의 인생에서 꼭 한 번은 맹자를 만나라

316